シリーズ・福祉を知る

3

子ども家庭福祉論
［第3版］

山縣文治
［著］

ミネルヴァ書房

第3版はじめに

　「虐待は絶対にしない」というのは心に決めているけれど，もしこどもに対して頭にくるようなことがあったら，怒りで山田さん（筆者注：著者を虐待していた人）と同じようなことをしてしまう可能性はあると思います。でも，いまは，そういうコケたときにいっしょに考えてくれる人がまわりにいるから，それを自分ひとりで解決しようとは思わなくなりました。（ブローハン聡〔2021〕『虐待の子だった僕』さくら舎，230頁）

　「隣る人」という言葉を知っているだろうか。これは，児童養護施設に長く携わってきた菅原哲男・岩崎まり子の両名が，共著で，2015年に出版した書籍（いのちのことば社）のタイトルである。「隣る人」とは，常に子どもの心の側（隣）にいる人あるいはその状況を指す。造語ではあるが，児童養護施設の職員と子どもとの関係，あるいは向き合う姿勢の本質を実によく表している。指導的言葉を発するわけでもない，共感的言葉を発するわけでもない。ただ，傍らにいるだけで安心できる存在，これが「隣る人」の神髄である。ブローハンさんは，生きていく中で，このような人に出会ったということであろう。
　福祉の仕事は，何をするか，何を語りかけるかにも当然意味はあるが，存在そのものが与える影響もある。保育所保育指針第5章には，「子どもの最善の利益を考慮し，人権に配慮した保育を行うためには，職員一人一人の倫理観，人間性並びに保育所職員としての職務及び責任の理解と自覚が基盤となる」という記述がある。質の高い保育には，保育士の人間性も関係しているということである。福祉の仕事を目指す人は，自らの人間性を磨くこと，良い実践家の

要素の一つは「隣る」存在になること，この二つに心がけていただきたい。

　児童福祉法が成立（1947年）して75年，この間幾多の改正があったが，2022年もその一つとなる重要な出来事があった。それは，一貫して厚生省・厚生労働省の部局として位置づけられてきた子ども家庭福祉行政が，内閣府の外局として2023年から発足するこども家庭庁に移管されることが決定したことである。合わせて，こども基本法が制定され，権利・人権の主体としての子どもを明確にした。

　子どもは守られる存在であるだけでなく，自らの意思に基づいて主体的に行動する存在でもある。将来福祉の仕事に従事する人は無論のこと，一人の社会人として，あるいは子どもの保護者として，このことを大切にしていただきたい。

　　2022年10月

山縣文治

第 2 版はじめに

　本著の初版が発刊されたのが，ちょうど 2 年前の2016年 3 月のことである。その後，わずか 2 年しか経過していないが，この間，子ども家庭福祉制度の改革が急速に進んでいる。

　とりわけ，2016年 5 月の児童福祉法改正は，制定後初めての理念の改正であった。改正法では，第 1 条に，子どもには，児童の権利に関する条約の精神にのっとり，権利があることが明記された。さらに，2017年には，児童福祉法改正を受け，社会的養護における家庭養護の目標値や施設改革のビジョンが公表されるとともに，地方自治体職員の専門性向上のための研修も実施されることとなった。

　また，2015年度から本格実施となった子ども・子育て支援制度も中間見直しの年に入り，地方自治体では検討が始まっている。この制度の特色である，児童福祉施設でもあり学校でもあるという幼保連携型認定こども園の設置も 5 千か所を超えた。2018年 4 月からは，新しい保育所保育指針，幼保連携型認定こども園教育・保育要領，幼稚園教育要領も実効となった。

　本書の改訂は，このような状況を踏まえ行ったものである。少子化，子ども虐待，待機児童，地域子育て支援など，子ども家庭福祉分野の課題は多いが，しっかりと学習し，優れた福祉の実践家あるいは福祉マインドをもった社会人となっていただきたい。

2018年 1 月

山縣文治

はじめに

　私，親が死ぬかも知れないと分かっても，泣けなかったんです。涙がでないんですよ。別に泣かんと思っているわけではないんですけど，体がストップしちゃうんですよ，グッと。あるとき，施設長と話をしていて，「泣いてもいいねんで。なんで我慢してるの」って言われて。「私，我慢してたんだ。泣いてもいいんだ」って思って。その時初めて声出して泣きました。その人は何も言わず，ずっと背中をさすってくれていました。「泣いてもいいんだ。泣くほどしんどいことをしてきてたんだ。自分頑張ってたんだ」。初めて気づきました。「泣けてよかったなぁ」，本当にそう思いました。⁽¹⁾

　母親から虐待を受けていた小学生の女の子は，無意識のうちに，泣くことも笑うことも抑えて生きていた。無表情で生きることで，自分の気持ちを保っていた。保護されて初めて，自分の気持ちに素直になることができ，涙を流したという。

　子ども家庭福祉は，すべての子どもの豊かな暮らしを支えるために存在する。すべての子どもとは，虐待を受けたり，貧困にあえぎながらも生きている子どもは無論のこと，あなたの隣で，ごく普通に生きているように見える子どもも含まれるということである。

　子どもは一人の固有の人格をもった存在である。親が自由にできる存在でもなければ，社会に生き方を強制される存在でもない。内発的な生きる力をもった存在なのである。子どもの生活の支援とは，子どもの内部に存在する生きる力を支えるということであり，指導や教育をおこなうことではない。

　菅原らは，福祉の仕事を「隣る人」と表現した[2]。社会福祉の仕事は，まさに「隣る人」，寄り添いである。子どもやその保護者によりよく「隣る」ために必要な基礎知識や態度を，本書から学んでいただければ幸いである。

　2016年1月

山縣文治

注

(1)　市本サクラ（2015）「社会的養護当事者の語り No. 1」『月刊福祉』 5 月号。
(2)　菅原哲男・岩崎まり子（2016）『隣る人』いのちのことば社。

目　次

第Ⅰ部　子ども家庭福祉とは何かを知る

第Ⅰ部

子ども家庭福祉とは何かを知る

第1章

少子高齢社会と子ども家庭福祉問題

・・・

1 少子高齢社会の姿

少子高齢社会を示す指標

出生数や死亡数などの人口動態，年齢ごとの人口，人口構造などは，その時代の社会の活力のみならず，将来のそれをも占うことのできる重要な指標である。

現在，日本では少子高齢化が進んでいる。少子高齢社会は，少子化と高齢化が同時に進行する社会のことをいう。少子高齢社会の特徴は，少子社会を示す指標，高齢社会を示す指標，人口構造全体を示す指標，の大きく3つであらわすことができる。少子社会を示す指標には，出生数，合計特殊出生率[1]，年少人口指数[2]，高齢社会を示す指標には，平均寿命，老年人口指数[3]，人口構造全体を示す指標には，人口ピラミッド，従属人口指数[4]，などがある。

出生数の動向

厚生労働省の発表によると，2021年の年間出生数は約81万2,000人で，統計の残る1899年以降で，最小値となった（図1-1，次頁）。前年度に比べ，年間出生数は2万9,000人近く減少した。2005年に出生数と死亡数が逆転したが，その後その差は拡大し続け，2021年には約62万8,000人となっている。日本は今，長期的な人口減少局面に入っている。

一方，合計特殊出生率は，2005年の1.26を底に，その後1.4台まで回復したが，2019年から再度低下し始め，2021年には1.30となっている。

図 1 - 1　出生数と合計特殊出生率の推移

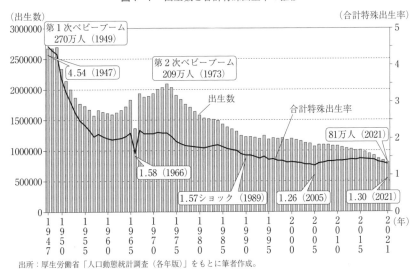

出所：厚生労働省「人口動態統計調査（各年版）」をもとに筆者作成。

　1970年から1975年頃の間に生まれた人たちのことを，第 2 次ベビーブーム（団塊ジュニア）世代という。この世代は，すでに50歳前後となっており，現在出産の時期を迎えているのは，1990年前後に生まれた女性である。この時期は，出生数の急減にようやく歯止めがかかった時期であるが，全体としての減少傾向は続いており，出生数の増は見込めない。

　出生数は，合計特殊出生率が人口置換水準である2.07に達しなければ横ばいとはならない。そうすると，急激な出生数の減少のあとは，出生数が安定したり，上昇したりするわけではなく，緩やかに減少し続けるにすぎない。

少子高齢社会の進行

　図 1 - 2 は，年少人口指数，老年人口指数，従属人口指数の関係を示したものである。この図では，長い間差があった年少人口指数と，老年人口指数が1990年代前半で逆転し，その後は一方的にその差が開き続けている。また，従属人口指数は，同じく1990年代から上昇し始めているが，その中身は，老年人口の増加によるものであることがわかる。従属人口指数自体は，1950年代前半

図1-2　従属人口指数等の推移

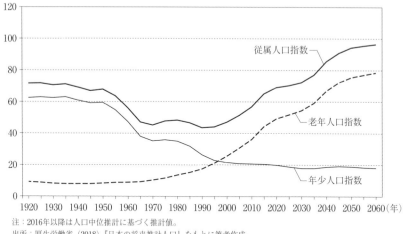

注：2016年以降は人口中位推計に基づく推計値。
出所：厚生労働省（2018）『日本の将来推計人口』をもとに筆者作成。

までも5割を超えていたが，当時は年少人口中心の従属人口であり，現在とはその構成比率が異なることがわかる。

　大きくいうと，従属人口とは生産活動よりも，社会サービスを含め消費活動の方が多い世代，生産年齢人口はその逆の世代といえる。今の日本では，社会を維持していくための負担が生産年齢人口世代に高くなっているといえる。かつ，当面この状況がさらに深刻化していくと推測される。

2　少子高齢社会を促進している要因

　わが国において，急激に少子高齢化が進んでいる背景には，いくつかの要因が考えられる。高齢化は，保健・医学的要因によりそのほとんどを説明できるが，少子化は極めて社会的な問題であり，夫婦あるいは個人の選択的要因もかなり大きい。このような少子化の要因は，大きく3つに分けてとらえることができる。

男女の社会的不平等にかかわる要因

第1は，男女の社会的不平等が存在しているということである。子育てや家事は，長い間，女性の役割として位置づけられてきた。男女共同参画社会基本法の制定などにより，かつてよりは少なくとも職場における環境は整えられつつあるが，制度的な取り組みと，男女それぞれの個人的意識との間には，まだまだ大きなギャップが存在する。

就労を通じた女性の社会進出が進むなかで，受け皿としての職場が子育てをする女性が就労を継続しにくい環境にあると，かつては就労をあきらめる場合が多かった。しかしながら，今日では，就労の継続を選択し，結婚そのものを忌避したり，先延ばししたりするという選択をおこなうものも増えてきている。

子育てをしながら，就労を継続するとなると，育児休業制度や保育サービスなどの社会的支援が必要となる。近年，制度的な整備は格段に進んでいるが，子育てと就労の両立を実現できるような体制にはまだまだなっていない。

婚姻にかかわる要因

第2は，婚姻時期が相対的に遅くなってきていることである。女性の高学歴化は，継続して安定した職業につきたいという希望者を増加させた。職業的安定は，経済的安定をもたらすこととなり，女性の社会的地位が相対的に上昇する。婚姻時期の遅延は，このような状況とも関係しているといわれている。ここ20年の間に，初婚女性の年齢は2歳前後遅くなり，30歳代の婚姻が相対的に増加している。また，男女別生涯未婚率は，男性の場合，1990年代から急激に上昇しはじめ，2割台半ばとなっている。女性の場合も，ほぼ同時期から徐々に上昇し，1割台半ばとなっている。将来的には，男性の3割弱，女性の2割弱が生涯未婚のままであると推測されている（図1-3）。

また，たとえ結婚しても，出産をしない，あるいは子どもを多くは産まないという選択をする夫婦も増えてきている。すなわち，婚姻関係や子育てに拘束された生活よりも，一人の人間として自立を志向するというものである。非婚志向者のなかには，戸籍制度としての婚姻関係のみを否定し，共同生活，別姓

図1-3　男女別生涯未婚率の推移および将来推計

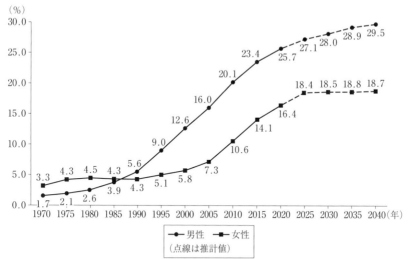

資料：2020年までは各年の国勢調査に基づく実績値（国立社会保障・人口問題研究所「人口統計資料集」）
　　　2025（令和7）年以降は推計値（「日本の世帯数の将来推計（全国推計2018年推計）」を基に内閣府作成。）
注：45〜49歳の未婚率と50〜54歳の未婚率の平均である。
出所：内閣府（2021）『令和3年版 少子化社会対策白書』（12頁）を一部修正。

婚などの事実婚を選択するものもあるが，いずれにしてもこのような関係のなかでは，子ども数が少なくなる可能性が高くなる。

子どもを育てることにかかわる要因

　第3は，子どもを育てることにかかわる要因である。子どもをあまり産まない理由の一部は，すでに示した2つの要因とも大きく関連している。その他にも，さまざまな要因が指摘されている。たとえば，①養育費や保育・教育費などの経済的負担，②母親が子育てとは異なる自分自身の成長や生きがいに費やすことのできる自由時間の減少や，心身のゆとりの欠落からくる心理・精神的負担，③子どもの世話に実際に大きな労力がかかることからくる身体的負担，④子育ての実質的責任が母親にかかっているという家庭内ジェンダー問題，⑤子どもの将来の生活像に夢がもてないこと，などである。

　以上のようなさまざまな要因が，さらにお互いに作用し合って，わが国の少

子化は進んできた。このような要因への抜本的な対応策を社会的に準備できていない今日，少子化はさらに進んでいくものと予想される。

3　子どもの育ちと環境

　子どもは育つ存在であると同時に，育てられる存在でもある。このような子どもの育ちにおいて，家庭は重要な意味をもつ。明治の思想家，福沢諭吉は，「一家は習慣の学校なり，父母は習慣の教師なり。而してこの習慣の学校は，教授の学校よりも更に有力にして，実効を奏すること極めて切実なるものなり」[6]と言っている。明治初期は，学校制度がまだ十分普及している状況ではなかったが，今日においても，この言葉は意義がある。

　一方，現代の家族は，構造と機能の急激な変化，家族に対する社会の価値観や意識の変化，これらと並行して進んだ家族機能の外部化・社会化により，子どもに対して果たす役割が大きく変化してきている。

　一般に子どもの育つ環境あるいは社会化の場は，3つあるといわれている（図1-4）。このうち，家庭は第一次社会化の場といわれる。「家族とは，夫婦関係を基礎として，親子，きょうだいなど少人数の近親者を主要な構成員とする，第一次的な福祉追求の集団である」[7]。構成員の福祉（生活）を支えていく，もっとも身近な単位が家庭であり，子どもは当然のことながら，生活を支えられる存在ということになる（「家族」と「家庭」については200頁注(1)参照）。子どもにとって生活を支えられるとは，育てられる（＝社会化）こと，ということもできる。第一次社会化の場は，子どもの人生の出発点であり，安全・安心の基地，さらには基本的な生活保障の場であるということができる。

　しかしながら，乳児期はさておき，子どもは大きくなるにつれ，家庭だけではなく，地域社会との関係のなかで生きていくことになる。地域住民や地域環境が子どもの社会化に影響してくるということである。これを第二次社会化の場という。公園，お寺や神社の境内，路地裏，子ども仲間，地域住民との交流など，子どもを取り巻くインフォーマルな環境が，子どもの育ちを支えている

図1-4 子どもが育つ3つの場

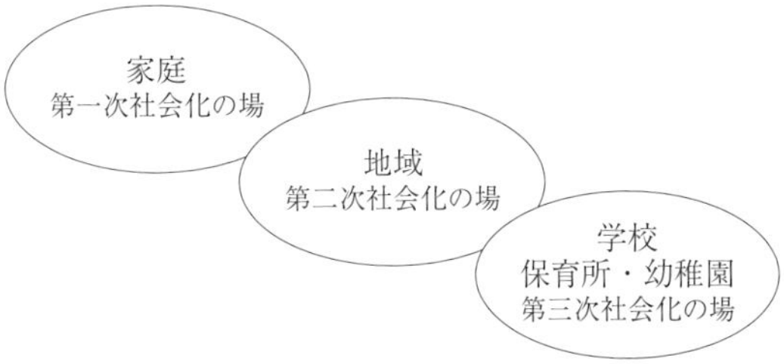

出所：筆者作成。

ということになる。第二次社会化の場は，子どもが初めて出会う，家庭とは異なる小さな社会であり，日常的な生活場面を通じて，非意図的に社会化をおこなうことが多く，子どもだけでなく，親も含めた育ちの場ということができる。

　フォーマルな立場で，子どもの社会化をおこなうのが，学校や保育所などの社会制度である。これを第三次社会化の場という。第三次社会化の場は，社会人として生きていくための基礎知識を，多くの場合，意図的な学習等を通じて提供するところに特徴がある。

　一般的には，このような3つの社会化の場を通じて子どもは育つが，近年は，家族の機能低下，地域社会の福祉力の低下が指摘されている。すなわち第一次社会化の場と第二次社会化の場という，育ちの初期段階の機能が特に低下しているということである。そのため，両者の機能を回復する支援をおこないつつも，それを代替する社会施策が必要となってきている。保育所や幼稚園における子育て支援機能や，NPO などの市民活動による新たな社会化資源の創出などである。

4　現代社会における子ども家庭福祉問題

　子どもの福祉問題は，政策としての福祉が成立して以降，常に意識されてきたものである。しかしながら，具体的な課題は，その時代の状況によって異なる。ここでは，現代社会の特徴である少子高齢社会そのものが抱える問題，子

どもの育ちにおける問題，子どもが育つ場面における問題などについて概観する。

少子高齢社会の問題

　日本の人口動態の特徴は，人口減少，少子化，高齢化という 3 つの現象が，同時に進行する点にある。このような状況を踏まえ，国では，少子化を意識した計画から，少子高齢社会全体を視野に入れた社会のあり方を模索する社会保障全体の改革への取り組みが始まっている。

　少子高齢社会がもたらす大きな問題は，人口の高齢化による社会保障負担の増大である。これは，事実上，生産年齢人口の生活を圧迫することになる。また，年少人口の将来の生活に不安を与えることにもなる。このような状況が，若年世代の社会保障制度非加入者の増加，結婚へのちゅうちょ感，あるいは出生数抑制の要因の一つになっていると考えられる。

　先に図 1 - 2 で示した老年人口指数は，生産年齢人口にかかる老年人口の割合を示すものであった。これを，老年人口を 1 にして，生産年齢人口の人数を示すと，一人の高齢者を支えるために必要な生産年齢人口がわかる。これによると，1965年頃の日本社会は，一人の高齢者に対して 9 人程度の生産年齢人口が存在し，一人の生産年齢人口にかかる負担が少ない社会であった。これが，今では約 2 人で一人になり，さらに2050年頃には一人強で支える肩車のような社会がやってくると予想されている（図 1 - 5 ）。

　このような人口構造の変化は，これまでの社会保障のあり方を大きく変える必要性を示している。

子どもの成長・発達をめぐる問題

　子ども期は，心身の成長発達の著しい時期である。遺伝と環境，成熟と学習のプロセスを経て，子どもは，身体的特性，情緒的特性，社会的特性などを個々に獲得し，それぞれの個性を身に付けていく。

　今日では，子どもの身体的発達における問題点は，かつてに比べるとかなり

図1-5　少子高齢社会の社会像

出所：厚生労働省「人口動態統計」；国立社会保障・人口問題研究所「日本の標準推計人口」をもとに筆者作成。

減少しているが，生活習慣病，アトピー，皮膚病，肥満など，環境や食習慣との関連が疑われる病気，近眼など，日常生活のあり方との関係が疑われる病気については増加傾向にある。

　また，情緒面や社会性の発達は，身体的発達以上に今日では大きな問題となっている。人間は，基本的な発達課題を達成しながら成長する存在であるといわれるが，基本的発達課題が十分に達成できないままに，身体あるいは歴年齢のみが成長し，両者の間のバランスが失われているものも少なくない。いわゆる心のケアの必要な子どもである。

　このような結果が，子どもの自殺などに現れている。2019年の人口動態統計調査の年齢階級5歳区分別死亡原因をみると（表1-1，次頁），「10～39歳」の人たちの死因の第1位は自殺（自死）となっており，思春期から青年期の子どもや大人の生きづらさが顕著になっている。このような傾向は男女で大きな差はない。

家庭生活における問題

　自信の喪失は子どもや若年層ばかりではない。育てる親もまた，自信を喪失している。母親の生活は，時間的にも精神的にも極めて窮屈なものとなっている。とりわけ，子どもが小さいうちは親子で家庭のなかに閉じこもりがちであり（子育ての密室化），ストレスは一層高まる。地域社会には仲間が少なくなり，

表1-1　年齢階級別死因

	第1位	第2位	第3位
0歳	先天奇形等	呼吸障害等	乳幼児突然死症候群
1～4歳	先天奇形等	悪性新生物	不慮の事故
5～9歳	悪性新生物	不慮の事故	先天奇形等
10～14歳	自殺	悪性新生物	不慮の事故
15～19歳	自殺	不慮の事故	悪性新生物
20～24歳	自殺	不慮の事故	悪性新生物
25～29歳	自殺	悪性新生物	不慮の事故
30～34歳	自殺	悪性新生物	心疾患
35～39歳	自殺	悪性新生物	心疾患
40歳代	悪性新生物	自殺	心疾患
50歳代	悪性新生物	心疾患	自殺
60歳代	悪性新生物	心疾患	脳血管疾患
70歳代	悪性新生物	心疾患	脳血管疾患
80歳代	悪性新生物	心疾患	老衰
90歳代	老衰	心疾患	悪性新生物
100歳以上	老衰	心疾患	脳血管疾患

資料：厚生労働省（2022）「2021年人口動態統計」。
出所：筆者作成。

LINEやチャットなど，SNSを通じた空間でしか仲間を見いだすことのできない場合も少なくない。

　一般に，社会とのつながりの希薄さがストレスを生じさせるといわれる。このようなストレスや自信喪失は，有職主婦よりも専業主婦に多いという結果が報告されている。ストレスや自信の喪失が高まると，子どもの虐待や養育の放棄につながることもある。

　家庭での親子関係においては，この他にもさまざまな問題が生じている。たとえば，家庭が安らぎの場でなく，苦痛の場となっている子どもの存在，子育て環境としての住宅の問題，母子家庭，父子家庭などのひとり親家庭の増加，親が親として機能していない家庭の増加などである。

　さらに，深刻となっているのが，子どもの貧困問題である。2019年の国民生活基礎調査での相対的貧困率[8]（2018年）は，若干改善したとはいうものの国民全体で15.4％，子どもで13.5％となっている。

図1-6　高校における中途退学者（中退者数と中退率）

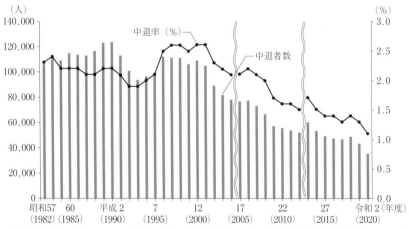

注：調査対象は，平成16（2004）年度までは公・私立高校，平成17（2005）年度から国公私立高校，平成25（2013）年度からは通信制課程も含む。

資料：文部科学省（2021）「令和2年度 児童生徒の問題行動・不登校等生徒指導上の諸問題に関する調査」。

学校や地域社会における問題

　現代の子どもがストレスを感じている場の一つが学校である。高学歴志向社会のなかで，教科学習の問題だけでなく，しつけや生活習慣，家庭内の問題など，学校には多くの問題が持ち込まれる。いまの学校現場はこれらの問題への対応能力が低く，かつては校内暴力が，今日ではこれに加えていじめの問題が広がり，学校が一部の子どもにとっては，安心して学び，遊べる場ではなくなっている。

　不登校問題も，学校現場に存在する問題のなかでは，関心が高まっているものの一つである。高校は就学が義務化されていないため，これが中退という形であらわれる。中退者は2000年前後をピークに減少傾向にあり，2020年度で3万人台半ば，中退率は1.1％となっている（図1-6）。

　学校での問題は，地域社会での生活にも影響を及ぼす。地域社会の福祉問題は，かつてのような，地域社会からの孤立や，地域の福祉力の低下という問題だけでなく，子ども仲間がもたらす問題としても現れている。とりわけ，インターネットあるいはスマートフォンの普及は，人間関係を崩れさせる原因の一

つとなっており，時には殺人の加害者や被害者となったり，性的な関係の強要，
ストーカー事件などにつながったりしている。

注
(1)　1人の女性（15歳から49歳まで）が生涯に生む子どもの数。
(2)　生産年齢人口（15歳から65歳未満）に占める年少人口（0歳から15歳未満）
　　の割合。
(3)　生産年齢人口に占める老年人口（65歳以上）の割合。
(4)　生産年齢人口に占める従属人口（年少人口と老年人口の和）の割合。
(5)　人口が増加も減少もしない均衡した状態となる合計特殊出生率の水準のこと。
(6)　福沢諭吉（1878）『教育の事』（中村敏子編（1999）『福沢諭吉家族論集』岩
　　波文庫，288頁）。
(7)　森岡清美（1972）「家族の定義」福武直監修／森岡清美編『家族社会学』東
　　京大学出版会，3‐4頁。
(8)　等価可処分所得の中央値の半分以下の所得にある状態。

第2章

子ども家庭福祉の基本的考え方

・・・

---

1 児童福祉から子ども家庭福祉へ

　今日では，社会あるいは制度の側が対応すべき問題を決めるというよりも，利用者の意思を尊重した問題の把握やサービスの枠組みが必要となってきている。社会福祉基礎構造改革では，これを利用者本位の制度と呼んでいる。子どもの福祉に関連する領域では，児童の権利に関する条約（1989年，以下，子どもの権利条約）や国際家族年（1994年）により，個人の主体性を尊重すること，あるいは家庭内の民主化が必要であること，などが強く意識されたことによる影響も大きいといえる。

　これらは，従来の保護的福祉観を大きく転換させ，主体性の福祉観ともいえる，利用者や住民の主体的意思を尊重した福祉観の必要性を明らかにした。この時期，従来の「児童福祉」という用語から，新たに「子ども家庭福祉」という用語を使うことで，このような福祉観の転換を積極的に意識する必要性が主張されはじめた。

　「子ども家庭福祉」という用語の端緒は，中央児童福祉審議会の意見具申「今後のわが国の児童家庭福祉の方向について」（1981年）と考えられる。ここでは，子どもと子どもが生活する家庭の双方を視野に入れた新しい福祉観の必要性という主張が中心であった。今日の子ども家庭福祉行政や研究に大きな影響を与えている柏女霊峰は，「子ども家庭福祉の概念は，子どもを直接のサービスの対象とする児童福祉の視点を超え，子どもが生活し成長する基盤となる家庭をも福祉サービスの対象として認識していこうとする考え方のもとに構成

表2-1　伝統的な「児童福祉」と新たな「子ども家庭福祉」

項　目	児童福祉	子ども家庭福祉
理　念	ウェルフェア 児童の保護	ウェルビーイング（人権の尊重・自己実現） 　　子どもの最善の利益 　　自己見解表明権 自立支援 　　エンパワメント 　　ノーマライゼーション
子ども観	私物的我が子観	社会的我が子観
対　象	児　童	子ども，子育て家庭（環境）
サービス提供 のスタンス	供給サイド中心	自立支援サービス 利用者サイドの権利の尊重
モデル	illness model	wellness model
性格・特徴	救貧的・慈恵的・ 恩恵的（最低生活保障）	権利保障（市民権の保障）
	補完的・代替的	補完的・代替的 支援的・協働的（パートナー）
	事後処理的	予防・促進－啓発・教育（重度化・深刻化を防ぐ）
	行政処分・措置	行政処分・措置（個人の権利保障を担保） 利用契約
	施設入所中心	施設入所・通所・在宅サービスとのコンビネーション ケースマネジメントの導入 セーフティ・ネットワーク（安全網）
権利擁護	消極的	積極的 子どもの権利擁護サービス（救済・代弁・調整） 子どもの権利・義務ノート等の配布 ケア基準のガイドライン化 子ども虐待防止の手引き

出所：高橋重宏（1998）『子ども家庭福祉論』放送大学教育振興会，13頁を改変。

された概念である[1]」と述べている。

　子どもの権利条約の採択を受けて設置された，全国社会福祉協議会の児童家庭福祉懇談会では「児童福祉から児童家庭福祉へ」（1990年）というタイトルの提言をおこなった。ここで中心的な役割を果たした高橋重宏は，「子ども家庭福祉論」というタイトルの教科書を最初に作った人物である。高橋は，両者の

違いを**表2-1**のように整理している。このような整理は，柏女霊峰の「理念的には人格主体として理解されながら，実際には自分たちの立場を主張したりそれを守ったりする力の弱い子どもを，その保護者とともに，国，地方自治体および社会全体が，その生活と発達，自己実現を保障する活動の総体をいう[2]」という子ども家庭福祉の定義にも共通している。

　子ども家庭福祉という言葉は，一般には大きく2つの意味で使われている。第1は，「子どもが幸せに暮らすこと」あるいは「子どもらしい生活をしている状態」など，漠然とした意味で使う場合である。このような意味で子ども家庭福祉という言葉を使う場合を，目標概念あるいは理念型と呼ぶ。第2は，具体的中身は別にして，何らかの問題を解決するための方策や技術をさす場合である。このような意味で子ども家庭福祉という言葉を使う場合を，実体概念あるいは実体型と呼ぶ。当然のことながら，科学あるいは政策としての，子ども家庭福祉を考える場合には，後者の意味でこれを使う。

2　子ども家庭福祉の意義と基本的枠組み

子ども家庭福祉の意義

　子ども家庭福祉を推進していくことには，さまざまな意義がある。これを，子ども，家庭，地域社会，社会全体という大きく4つの側面から考えてみる。

　⑴子　ど　も

　子ども家庭福祉は，何よりも子ども自身のために存在するものである。したがって，その意義は，子ども自身の育ちにおいて，もっとも顕著にあらわれる必要がある。

　次章で詳述するが，子どもの育ちは，能動的人権・権利（自ら，自分らしく育ち，生きる権利）と受動的人権・権利（親や社会によって育てられ，必要な場合には，社会によって保護される権利）の，両者の基盤の上に保障される必要がある。子ども家庭福祉は，このような，能動的人権・権利と受動的人権・権利を包括的に保障する理念であり，政策であり，また実践でもある。

(2)家　庭

　家庭は，子どもの育つ環境であり，また子どもを育てる主体でもある。したがって，家庭の機能が適切に遂行されていなければ，子どもの育ちも揺らぐことになる。子どもの権利条約の成立（1989年）や国際家族年（1994年）などを経て，保護的な福祉観からの脱却の必要性と家庭のなかで育つ存在の意識化の必要性が認識されつつある。子ども家庭福祉が家庭を視野に入れるべきこと，また，家庭への向き合い方に社会との協働子育てという視点を加えることが求められているということである。このような社会的な認識の変化もあり，子ども家庭福祉は，家庭の機能が適切に遂行できるよう支援するものとして，また，必要に応じて代替するものとして，家庭においても意義深いものとなっている。

　前節で示したように，子ども家庭福祉という考え方は，かつては児童福祉と呼ばれていたものである。法律の名称までには至っていないが，少なくとも，国や地方自治体の政策や学会等においてもかなり浸透している。保育士養成課程においても，2011年から，「児童家庭福祉」という名称ではあるが「児童福祉」が改められている。社会福祉士養成課程では，2009年から，科目名の一部に「児童・家庭福祉」という用語が，さらに2019年からは「子ども家庭福祉」という用語が使われている。

(3)地域社会

　地域社会もまた，子どもの育ちにおいては重要な意味をもつ。第一次産業中心の社会では，地域は生産の基礎を共有すべき重要な存在であった。また，社会資本の充実していなかった時代の都市部においては，安全と安心を保障するという意味をもっていた。

　ところが，工業を中心とした第二次産業社会，物の消費を中心とした第三次産業社会を経て，現在では，第四次産業社会といわれることもあるソフトウエア産業，情報通信産業，技術開発など，物質やエネルギーなどの大量消費を伴わない社会となりつつある。消費社会やネット社会は，個別性の高い社会であり，直接的な人間のつながりを弱めていく社会である。さらに近年では第五次産業社会という言葉も使われ始めている。

　子ども家庭福祉は，このような人と人とのつながりの弱くなっている社会において，親子の育ちにかかわることによって，つながりの必要性を再認識させ，新たな地域社会のありかたを模索するものでもある。これは，子ども家庭福祉に限らず，高齢者福祉，障がい者福祉，外国人福祉などからもアプローチされており，その総体が地域福祉として開花することが期待されている。

(4)社会全体

　子どもは一人の人間として生きる，独立した社会の一員という存在である。一方，社会の側からみると，今の社会の活力となるだけでなく，将来の社会を支える重要な存在である。子どもは，決して次代を担うために生まれてきたわけではない。しかしながら，国家や地域社会の持続を考えたとき，子どもが減少する社会は，その持続を困難にさせることになる。

　したがって，子ども家庭福祉は，結果として，国家や地域社会を維持していくための意義をもつということになる。

基本的枠組み

　子ども家庭福祉の概念は，子ども家庭福祉問題の見方によって異なる。したがって，統一的構造を提示することは困難であるので，ここでは，共通の要素を中心に，基本的枠組みを示すこととする（図2-1，次頁）。

　子ども家庭福祉は，その立場によって，理念としてとらえたり，制度としてとらえたり，あるいは実践としてとらえたり，さらにはそれらの総体としてとらえたり，さまざまなとらえ方がある。これは，図2-1に示す4つの基本的枠組みのどの部分，あるいはどの関係に力点をおいているかの違いであるということができる。いずれにしても，現代の子ども家庭福祉は，このような構成要素の全体を視野に入れて考える必要がある。

(1)援助観／援助の目標

　子ども家庭福祉を考える上で最も重要なのは，何のために子ども家庭福祉が存在するのかという存在意義あるいは援助観である。具体的には，どのような子ども像や社会像に基づいて，子ども家庭福祉の政策や実践を展開するかとい

図2-1　子ども家庭福祉の基本的枠組み

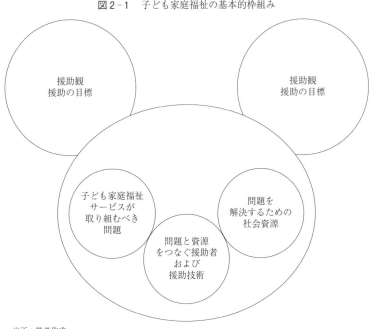

援助観
援助の目標

援助観
援助の目標

子ども家庭福祉
サービスが
取り組むべき
問題

問題を
解決するための
社会資源

問題と資源
をつなぐ援助者
および
援助技術

出所：筆者作成。

うことである。これは，援助の目標，人間観，人間像，社会像ということもできる。

　かつては，社会福祉の援助観は選別主義的にとらえられがちであったが，今日では，問題の普遍化，一般化に伴い，普遍主義的⁽³⁾なとらえ方⁽⁴⁾をする場合が多くなっている。換言すれば，制度の側から構想する援助観ではなく，利用者の生活全体の視点から構築する援助観への転換である。その前提には，すべての子どもと，子どもを養育する家庭の福祉の向上を図るという視点がある。

　援助観は，以下に示す問題の見方，資源の作り方，援助の仕方に大きく影響を与えるものであり，子ども家庭福祉の最も基本をなすものということができる。

(2)子ども家庭福祉サービスが取り組むべき問題

第2は，子ども家庭福祉が対象とする問題である。これは，福祉問題，生活問題，生活障害，生活困難などといわれることもある。これをどのように定義するか，すなわち，何を問題と考え，何を問題ではないと考えるかは，時代や立場によって異なる。いずれにしても，問題と考えられるものが，子ども家庭福祉が取り組むべき課題の範囲を示しており，そうでないものは公的責任の外にあるということになる。

たとえば，これまで議論となったことのある考え方でいうと，どこまでを家庭の責任の範囲とし，どこからを社会にも責任があると考えるのか，予防的に対応するのか問題が生じた後に対応するのか，など問題の設定の仕方である。

また，とりあえず社会的問題として認識したとしても，それをどこ／何に軸足を置いた政策で対応するのかという問題もある。保育所を例にとると，福祉政策なのか，労働政策なのか，はたまた教育政策なのか。現在は，福祉政策と位置づけられているが，労働政策との関連は極めて強い。また，現状では教育政策と考えるものは少ないが，幼保連携型認定こども園になると，学校教育の実施機関であり，教育政策という側面はかなり強くなる。これは，子どもを中心にした見方をするのか，保護者や家庭を中心にした見方をするのかということにもつながる。

(3)問題を解決するための社会資源

第3は，問題を解決するための社会資源である。これは，援助資源，サービス，福祉制度と呼ぶこともできる。今日社会的に求められている，保育所，虐待などに対応する児童養護施設・乳児院などの養護系児童福祉施設，障がいのある子どものための福祉施設，さらには，ショートステイやデイサービスなどの在宅福祉サービス，児童相談所や家庭児童相談室などの相談機関など，例示すればきりがない。

問題が明らかにされ，それに対応するサービスが整備されれば問題が解決するかというと，必ずしもそうではない。問題に気がついていない，サービスの利用をがまんしている，サービスを知らない，サービスの利用の仕方がわから

ない，適切なサービスがないなどにより，両者の間がうまく結びつかなければ効果的な解決を図ることはできない。そこで両者を結びつけるしくみ，サービス供給システムが必要となる。

(4)問題と資源をつなぐ援助者および援助技術

　問題と社会資源を結びつけるのが，第4の構成要素，援助者であり，その際に使う技術が援助技術である。狭義のソーシャルワークおよびソーシャルワーカーはこの場面で機能する。援助者には，保育士，児童福祉司，民生児童委員などが，援助技術には，ソーシャルワーク，ソーシャル・ケースワーク，コミュニティワーク，ケアマネジメント，技術としての保育などがある。

　問題と資源をつなぐ必要性は以下①～⑤の5点にある。

　①問題に気がついていない状況

　第1は，問題に気がついていない人がいるということである。虐待をしている保護者のなかには，虐待が子どもの人権侵害であり，子どもの養育においてよくないことであるという認識がないものも多い。それどころか，しつけの一環であり，肯定的にとらえているものさえある。非行やいじめをおこなっている子どもたちのなかにも，それが問題であるという認識が低かったり，欠けていたりするものがいる。問題という認識がなければ改善する必要がないことになる。子ども家庭福祉の援助には，このような自覚を促すことも含まれる。

　②問題に気がついていても，資源を利用することをがまんしている状況

　第2は，問題に気がついていても，資源を利用することをがまんしている人が存在するということである。福祉サービスの利用により，社会から偏見の眼差しでみられるのではないか，自分たちがだめな人間とみられるのではないかという意識である。子ども家庭福祉の援助においては，サービス利用の権利性，今あるいは将来の生活の充実において必要であることなどを理解してもらうことも重要である。

　③資源を利用したくても，資源がわからない，利用の仕方がわからない状況

　第3は，資源を利用したくても，資源がわからない，利用の仕方がわからない状況への対応である。この場合，すでに当事者の側には変化への動機付けが

できているので，情報提供や相談・助言などにより，主体的な問題解決をうながすことになる。

　④制度やサービスが複雑すぎて，何をどう利用できるかわからない状況

　第4は，前段の延長上にあるもので，制度やサービスが複雑すぎて，主体的な判断がしにくいなどの状況にある場合で，ここでは一緒に計画を考えたりすることになる。

　⑤利用しようとしたけれど，自分に合うサービスがない状況

　最後は，問題の解決や緩和に適合するサービスが制度化されていなかったり，身近に存在しなかったりする状況である。ここでは，既存資源の工夫，地域資源を活用した新たなサービスの開発，さらにはソーシャルアクションによる制度創設などが考えられる。

3　子ども家庭福祉の基本理念

主な法律等にみる基本理念

(1)児童福祉法

　子ども家庭福祉の基本理念は，児童福祉法（1947年）のなかで明らかにされている。児童福祉法では，第1条から第3条にかけて，児童福祉の理念や原理を定めている（**資料2-1**，次頁）。

　第1条では，子どもは，児童の権利に関する条約の精神にのっとり，養育，生活保障，成長，発達などが保障される権利を有する存在であることが明記されている。

　第2条では，国民に対して，最善の利益を優先的に考慮し，子どもが育成されるよう努める義務を課している。また，子ども育成の第一義的責任が保護者にあるとしつつも，国や地方公共団体に保護者とともに育成する責任があることを明示している。

　第3条は，原理の尊重と呼ばれる項で，第2条に規定する児童育成の責任は，厚生労働省の管轄のもののみならず，わが国の子どもにかかわるすべての法令

資料2-1　児童福祉法の基本理念

第1条　全て児童は，児童の権利に関する条約の精神にのっとり，適切に養育されること，
　　その生活を保障されること，愛され，保護されること，その心身の健やかな成長及び発達
　　並びにその自立が図られることその他の福祉を等しく保障される権利を有する。
第2条　全て国民は，児童が良好な環境において生まれ，かつ，社会のあらゆる分野におい
　　て，児童の年齢及び発達の程度に応じて，その意見が尊重され，その最善の利益が優先し
　　て考慮され，心身ともに健やかに育成されるよう努めなければならない。
2　児童の保護者は，児童を心身ともに健やかに育成することについて第一義的責任を負う。
3　国及び地方公共団体は，児童の保護者とともに，児童を心身ともに健やかに育成する責
　　任を負う。
第3条　前2条に規定するところは，児童の福祉を保障するための原理であり，この原理は，
　　すべて児童に関する法令の施行にあたつて，常に尊重されなければならない。

資料2-2　児童憲章前文

　われらは，日本国憲法の精神にしたがい，児童に対する正しい観念を確立し，すべての児
童の幸福をはかるために，この憲章を定める。
　　児童は，人として尊ばれる。
　　児童は，社会の一員として重んぜられる。
　　児童は，よい環境のなかで育てられる。

資料2-3　こども基本法第3条におけるこども施策の基本理念（抄）

　こども施策は，次に掲げる事項を基本理念として行われなければならない。
① 個人として尊重され，その基本的人権が保障されるとともに，差別的取扱いを受けるこ
　　とがないようにすること。
② 適切に養育されること，その生活を保障されること，愛され保護されること，その健や
　　かな成長及び発達並びにその自立が図られることその他の福祉に係る権利が等しく保障さ
　　れるとともに，教育を受ける機会が等しく与えられること。
③ 年齢及び発達の程度に応じて，自己に直接関係する全ての事項に関して意見を表明する
　　機会及び多様な社会的活動に参画する機会が確保されること。
④ 年齢及び発達の程度に応じて，その意見が尊重され，その最善の利益が優先して考慮さ
　　れること。
⑤ 養育については，家庭を基本として行われ，父母その他の保護者が第一義的責任を有す
　　るとの認識の下，これらの者に対してこどもの養育に関し十分な支援を行うとともに，家
　　庭での養育が困難なこどもにはできる限り家庭と同様の養育環境を確保することにより，
　　こどもが心身ともに健やかに育成されるようにすること。
⑥ 家庭や子育てに夢を持ち，子育てに伴う喜びを実感できる社会環境を整備すること。

において，常に尊重すべきであることを規定している。

(2)児童憲章

　児童憲章（1951年）は，児童福祉法の制定過程では，前文として位置づけられていた時期もあったが，その後，児童福祉法の理念をより具体化する国民の協約として宣言されたものである。児童憲章は母子健康手帳にも記載され，すべての親子への周知が図られている。前文と12項からなるが，前文は簡潔に子ども観を示している（**資料 2 - 2**）。

　児童福祉法や児童憲章は，すべての子どもを対象にし，保護だけでなく健全育成を進めることを明らかにしている。しかしながら，その後の歴史を追うと，現実には保護的事業を中心にしてサービス展開が進められたという指摘もまた事実である。さらに，子どもの権利条約との関係でいうと，受動的権利保障が中心であり，能動的権利保障の側面が弱いということも指摘できる。

(3)こども基本法

　こども基本法は，「次代の社会を担う全てのこどもが，生涯にわたる人格形成の基礎を築き，自立した個人としてひとしく健やかに成長することができ，心身の状況，置かれている環境等にかかわらず，その権利の擁護が図られ，将来にわたって幸福な生活を送ることができる社会の実現を目指して，社会全体としてこども施策に取り組むことができるよう，こども施策に関し，基本理念を定め，国の責務等を明らかにし，及びこども施策の基本となる事項を定めるとともに，こども政策推進会議を設置すること等により，こども施策を総合的に推進すること」を目的としている。この法律では，「こども」を，「心身の発達の過程にある者」と年齢ではなく成長特性をもとに定義している。

　基本理念は，第 3 条に示されている（**資料 2 - 3**）。

新たな時代の子ども家庭福祉の基本理念

　これからの子ども家庭福祉においては，まずは，子どもと家庭のウエルビーイング（well-being）を図ることが重要である。ウエルビーイングとは，生存権や社会権が保障されていることを前提に，「個人の権利や自己実現が保障さ

れ，身体的・精神的・社会的に良好な状態を実現すること」を意味している。

　自立は，ウエルビーイングを実現するための人間のありようということができる。一般に自立というと，経済的な自立を中心に考えることが多いが，社会福祉の分野では，さらに社会的自立や精神的自立も重視する。自分で判断し，必要に応じて主体的に社会福祉サービスの利用決定をおこなうことが自立であって，社会福祉サービスを利用しない状態だけが自立であるとは考えない。自己を強化すること（エンパワメント），自己の強みを発揮させること（ストレングス），自己決定能力の向上を図ることなどをより重視するということである。

　第2は，それを社会全体で支えていくということである。社会全体とは，行政はむろんのこと，企業や住民一般をも含むということである。支え方には，直接的な行為だけでなく，親子の育ちを温かく見守る眼差し，納税等を通じて子ども家庭福祉施策の拡充を図ることなども含む。

　このような基本理念は，児童福祉法の基本理念に，子どもの権利条約の人権観を加えたものということができる。

4　子ども家庭福祉と保育

　子ども家庭福祉施策のなかでも保育施策は重要な意味をもつ。児童福祉法は，当初，児童保護法として検討されていた。「特別な状況にある子ども」の保護ではなく，「すべての子ども」の福祉に貢献するという理念に変わるとき，その説明に用いられた代表的施策が，子どもの健全育成と保育所であった。戦後直後の社会福祉は，社会的養護施策が重要な意味をもっていた。1960年頃から30年近くは，保育施策が，子ども家庭福祉に限らず，社会福祉施設を中心に，社会福祉界全体を牽引した。

　一時期その役割は，高齢者福祉施策に譲りつつあったが，歯止めのかからない少子化の中で，保育施策の意義が再評価されつつある。児童福祉施設としての保育所は，当然のことながら子どもの育ちを保障する場であるが，保護者からみた場合，協働して子育てを実施する施設であり，就労等を保障してくれる

ものでもある。また，それを通じて家庭を維持する収入を保障してくれること
にもなる。さらに，地域からみると，子どもの声は地域の活力ともなる。社会
全体からみても，保護者が就労することで，生産や消費の構造が維持されるだ
けでなく，税収のもとにもなるうえ，次世代の育成の資源ともなる。

注

(1)　柏女霊峰（2013）『子ども家庭福祉論（第3版）』誠信書房，2頁。

(2)　同前書，iii 頁。

(3)　selectivism の日本語訳。サービスの対象を特別（特殊）な状況にある人と
　　　位置づけ，制度の側が「選別」した人にのみ，サービスを提供するという考え
　　　方。措置制度はこの典型。制度本位になりやすく，利用者の意向が反映しにく
　　　い。一方で，サービスが必要な人に，低料金で集中的に提供できるというメリ
　　　ットもある。

(4)　universalism の日本語訳。サービスの対象は設定するが，利用は本人の意向
　　　を中心におこなうという考え方。利用者の「選択」が重視され，利用者本位の
　　　制度になりやすい。一方で，サービスが不足していたり，適切な判断能力・情
　　　報処理能力等が低かったりすると，社会的にみて必要な人であっても，サービ
　　　ス利用に結びつきにくい。

第3章

子どもという存在と子ども家庭福祉

• • •

1 子どもおよび保護者という存在の特性

　子ども家庭福祉を考える際には，子どもとは何か，保護者とは何か，家庭とは何か，ということをまずは理解しておくことが必要である。

子どもという存在

　子ども家庭福祉における，子どもという存在の見方は，基本的には人間一般の見方に共通するが，子ども期固有の部分がこれに加わることになる。ここでは，子どもという存在について，一般に誤解されやすい部分を含め，改めてその見方のポイントを提示しておく。

　(1)一個の独立した人格の主体

　たとえ子どもといえども，独立した人格の主体とみるというのが，子ども家庭福祉の大前提である。心身の発達状況によっては，十分に独立したとはいいがたい場合があることは事実である。しかしながら，そのことによって，たとえば親権者である保護者の意思で，子どもにかかわる重要な事項をすべて決定できるとは考えない。保護者が適切な意思決定をしない場合には，当然のことながら社会的介入がおこなわれることになる。

　(2)受動的人権・権利と能動的人権・権利を同時に有する存在

　受動的人権・権利とは，成長発達を社会的に保障される人権・権利のことをいう。子どもの人権・権利保障の歴史のなかでは，比較的早くから，このような人権・権利の側面については認識されていた。これに対して，能動的人権・

29

権利とは，自分を表現したり，意見や態度を明らかにしたりする人権・権利で，個性を発揮する人権・権利ということもできる。子どもの権利条約により，子どもにもこのような人権・権利があることが明確にされた。現代の課題は，受動的人権・権利の保障のみならず，一人ひとりの発達段階に応じて，能動的人権・権利の保障をどのように図るかにある。

(3)成長発達する存在

　子どもは成長発達する存在であり，それを家庭や社会から適切に保障されるべき必要がある。その第一義的責任は保護者にあるが，児童福祉法では，これを国や地方公共団体にも同等に課している。

　子ども家庭福祉ニーズは，人間あるいは子どもとしての存在との関係で，それらが十分に実現していない場合に発生する。たとえば，家庭機能の低下により，社会生活や成長発達が脅かされた場合に，それを代替的，あるいは補完的に保障することが必要となる。一方，家庭機能の回復あるいは向上を図るための支援も必要である。

保護者という存在

(1)親と保護者の相違

　親のことを保護者という場合がある。両者は，どのような関係にあるのか。児童福祉法では，保護者を**資料3-1**のように定義している。

　親権を行う者が，一般には親である。ただし，養子縁組を結んだ場合には，実親ではなく養親が，保護者としての「親」になる。未成年後見人は，親が亡くなってしまった場合や，親権が喪失状態や一時停止している場合に保護者となる。児童を現に監護する者には，親等の委託を受けて子どもの世話をしている人などが該当する。いずれにしても，親以外も保護者となることができるということを意味している。

　このように，いくつかの例外があることは意識しつつも，本書では，法律や制度的に明確な場合は除き，親と保護者を区別せず，原則として保護者と表記する。

資料3-1　児童福祉法における保護者の定義（第6条）

この法律で，保護者とは，第19条の3，第57条の3第2項，第57条の3の3第2項及び第57条の4第2項を除き，親権を行う者，未成年後見人その他の者で，児童を現に監護する者をいう。

注：除外規定は「小児慢性特定疾病」児に関するもの。

(2)親権の行使者・子どもの養育の主体としての保護者

　民法では，「成年に達しない子は，父母の親権に服する」（第818条）としており，未成年のものは親権行使の対象となる。親権には以下に示す中身がある。

・監護および教育の権利義務（第820条）

・居所指定権（第821条）

・懲戒権（第822条）

・職業許可権（第823条）

・財産管理権および代表権（第824条）

　このうち，とりわけ監護および教育の権利義務は，子育てに関連する重要な規定で，「親権を行う者は，子の利益のために子の監護及び教育をする権利を有し，義務を負う」となっている。すなわち，親権は，「子の利益」のためのものであり，権利であるのみならず，義務でもある。

　わが国では，虐待など不当な養育態度がみられる場合においても，親権の名のもとにそれを正当化することで，社会的な介入が躊躇されることが現実にはある。民法における親権は，親やイエの名のもとに，子どもに対して不当な養育がおこなわれることを制限し，あくまでも子どもの人権が保障された養育が実現されることを目指して規定されているものである。したがって，親の一方的な養育を認めるものではない。養育に関しては，子どもの最善の利益を念頭におきつつ，親の人権・権利との間に適正な調和が図られる必要がある。

　このような課題に対応するため，親権に関連する民法の改正がおこなわれ，2012年4月1日から施行された。改正の主たる内容は，①従来の親権を奪う「親権喪失」に加え，最長2年間，一時的に親権の行使を制限する「親権停止」

制度の創設，②「親権喪失」「親権停止」の原因として，「子どもの利益を害するとき」を明記，③親族や検察官に加え，子ども本人や未成年後見人にも「親権喪失」「親権停止」の請求権を付与，④未成年後見人制度に，法人後見や複数後見を追加，である。

(3)子育て力を高めていく必要がある存在

妊娠，出産，母乳の生成までは，女性の身体的機能のなかにあらかじめ組み込まれている。妊娠をすれば，身体は出産に向けての準備に入る。あわせて母乳を出す準備にも入る。お母さんは，「ぼちぼち子どもが生まれそうだから，母乳を出す準備をしなければ」と考えている訳ではない。自然に準備がなされるのである。このような意味では，妊娠，出産，母乳の生成は，女性あるいは母親に生来備わっているものといってもいいかも知れない。

では，「子育て」はどうか。最初からある程度上手にできるように，身体の中に組み込まれているのか。父親よりも母親の方が上手にできるようになっているのか。おそらくそうではない。みんなが学びながら上手になっていくのである。母という立場であろうと，父という立場であろうと，このことは変わらない。

少子化，核家族化のなかで，子どもの育ちや子育ての様子をみる機会がどんどん減ってきている。それが，今日の子育て問題の一つになっていると思われる。いわば，自然に学ぶ機会が減ってきているのである。そうすると，意図的に学ぶことが必要になる。そのためには，学ぶ必要があるという保護者としての自覚と，それを社会的に準備するという地域や行政の姿勢が必要になる。

(4)家庭を切り盛りする主体という存在

家庭は，子どもの養育以外にも，収入の維持，家事，近所との付き合い，必要な社会サービスの利用など，さまざまな機能を果たしている。その機能の多くは保護者によって遂行されている。子ども家庭福祉を考える際には，保護者のおかれている，このような全体状況を視野に入れる必要がある。

加えて，保護者も一人の人間である。仕事，家事，子育てだけでなく，一人の人間としての時間，自分を大切にする時間も重要である。レスパイトやリフ

レッシュを目的としたサービスも，子ども家庭福祉サービスの一つである。

(5)機能しなければ代替可能な存在

　親は子どもにとって重要な存在である。しかしながら，さまざまな支援をおこなっても，その機能を果たすことが著しく不適切な状況になった場合，一時的あるいは恒久的に代替の保護者を確保することが必要になる。一時保護，社会的養護，養子縁組などのサービスである。

　生物次元の親を代わりに作ることはできないが，社会次元あるいは心理次元の育ちに関わる保護者を確保することは可能である。

2　子ども観の変遷

古代・中世の子ども観：大人の所有物から小さな大人へ

　個人よりも社会や集団が優先する古代社会においては，子どもは集団あるいは社会の考え方によって，かなり多様にとらえられていた。これらに代表される古代の共通の子ども観は「大人の所有物」という見方である。このような子ども観のもとでは，子どもが労働力として交換の対象となることもあれば，生産能力が将来にわたって期待できないものについては，社会から排除されることもあった。

　中世に入ると貴族社会を中心に，子ども自身に大人と同じような立ち振る舞いあるいは考え方を求めるという，いわゆる「小さな大人」という子ども観が広まっていった。ここでも子どもたちは，固有の存在あるいは子ども期という時期が認められるのではなく，やはり大人の価値観に基づく存在として位置づけられていた。中世の子ども観の特徴は，子どもが社会のなかで受け入れられているとはいうものの，子どもとして固有の対応がされるのではなく，大人と共通の対応がされることが多かったということである。

近代的子ども観の萌芽：子どもの発見

　近代的子ども観の特徴は，その目的のいかんを問わず，子どもが子どもとし

て意識されはじめたことにある。これは，思想においても現実の社会政策においてもみられた。

　思想面でみると，17世紀のコメニウスにはじまり，18世紀から19世紀にかけては，ルソー，ペスタロッチ，フレーベル，オーエンなどの教育学者あるいは教育思想家が，子どもを大人とは違う固有の存在としてとらえ，それに対する社会的な対応の必要性をそれぞれの立場から主張した。

　たとえば，ルソーは，『エミール』のなかで，「子どもは獣であっても成人した人間であってもならない」，「子どもの時期を子どものうちに成熟させるがいい」，と記述している。このような考え方は，中世の代表的子ども観である「小さな大人」を批判するものであり，「子どもの発見」としてその後広く知られることになった。「子どもを子どもとして，自然のままにみる」という極めて単純なこの考え方は，近代的子ども観の基礎を形成するものとなった。

政策の対象としての子ども

　子ども期という発達の段階が確認されることと併行して，この期は子どもが保護・養育される段階であるという認識も高まっていく。本書第4章で詳述するが，封建制度の崩壊と産業構造の変化などを踏まえ，1601年に制定された英国の救貧法は，保護の対象として子どもを位置づけた。これは，生活の基本である生きることを社会制度が保障するという考え方の端緒となる。産業革命が進行してくると，工場法（1833年）によって，子どもは過酷な労働から保護されるという政策が登場する。

　子どもたちへの積極的関心が高まるのは20世紀に入ってからである。とりわけ，スウェーデンの教育学者，エレン・ケイが著した『児童の世紀』はまさにそれを端的に示す言葉として，その後世界的関心を呼んだ。これは，子どもの教育，とりわけ保護者の教育のあり方を論じた内容である。これがその後，子どもの教育の重要性の認識へとつながっていく。

　この時期，アメリカ合衆国においては，ルーズベルト大統領が第1回の白亜館会議（1909年）を招集している。このテーマが「子どもに関する白亜館会議」

であり，家族政策という考え方も芽生えることになる。

　このように，この時期，欧米諸国においては，子どもに対する関心が高かった様子がうかがえる。政策の対象としての子どもは，貧困（日常生活保障），労働搾取からの保護，教育の享受という3つに代表されるものであった。

3　子どもの人権・権利保障

人権・権利・基本的人権

　人権と権利という言葉は，日頃あまり区別せずに使っている場合が多い。しかし両者の意味には，重なる部分と異なる部分がある。下記の2つの文章を比較してみてほしい。どちらかの文章に，違和感がないだろうか。

　　義務を果たさないものには権利は認められない。

　　義務を果たさないものには人権は認められない。

　人権という考え方の根底には，強者から弱者を保護するという思想がある。人権思想は中世社会において発展したといわれるが，これは王室の権利（王権）に対する市民の権利（人権）の保護を意味するものであった。すなわち，人権思想は「マイノリティ」の立場の確保を目的として，人道主義的なるものが「マジョリティ」から獲得した譲歩ということができる。人権は，何かを条件にして認められたり，認められなかったりするものではなく，人である限りにおいて認められるべきものである。社会福祉サービスのなかでも，生活保護はこのような側面をもつ。

　権利にもこのような側面はあるが，義務を果たしていなかったり，制度が課した要件を満たしていなかったりすれば，権利が行使できないということもある。たとえば，医療保険や介護保険の保険料を納入していなければ，制度に基づくサービスの利用はできない。ただし，医療保険未加入は子どもの責任ではないので，子ども（18歳に達する日以降の最初の3月31日までのもの）については，「人権」視点から，有効期間を6か月（更新制度あり）とする特別の被保険者証が交付される。

　秋山智久は,「権利と人権の相違は結論的にいえば, 権利は法律によって守られ, 人権は憲法によって守られるということである。そしてその人権も固定的なものではなく, 発展するものである[4]」としている。法律学の辞典においては, 権利とは「相手方 (他人) に対して, ある作為・不作為を求めることのできる権能」, 人権とは「人間である以上, 当然にもっている権利[5]」と定義している。

　基本的人権という言葉は, 憲法策定過程で, GHQ (連合国軍最高司令官総司令部) の担当者が使った fundamental human rights の訳語として, 戦後定着した言葉であるといわれている。これは, 人間が本来もっている固有の人権・権利として, 中世以降の西洋社会が育んできた思想である人権をさすものであり, 英語が本来もっていた意味である。子ども家庭福祉において, 子どもの権利という場合, 義務の対概念としての権利 (right) ではなく, 子どもが本来もっているものを正当に保障されるあるいは自らそれを行使する「権」であり, 人権 (human right) を意味している。

　本書においては, このような誤解を避けるため, 固有名詞等でない場合, 原則として「人権・権利」と表現する。

子どもの権利宣言

　20世紀は子どもも巻き込んだ世界的な戦争が繰り返されるという歴史でもあった。世界的な戦争の端緒として位置づけられる第1次世界大戦は, ヨーロッパを中心に子どもを含む多くの犠牲者を出した。それに対する反省が, 児童救済基金による世界児童憲章草案 (1922年) である。

　この憲章の前文は「(前略) 児童を困難から護ることは, 社会の一大関心でなくてはならないこと, および苦境期における児童の最も確実な保護は, 高い水準の児童教育と正当なる状態における保護を与えることにあることを信ずるものである」とうたい, 総則4条と本文28条から子どもの人権・権利を明らかにしている。具体的には, 教育と日常生活の保護を基本に, 生命や戸籍に関する人権・権利, 労働搾取からの保護, 障がいのある子どもに対する人権・権利

などが規定されている。

　世界児童憲章の精神は，その後の国際連盟のジュネーブ宣言（1924年）に引き継がれた。ここではそれを，最善の利益（best interests of the child），危機における最優先の救済などの言葉で表現しているが，その内容は，栄養，医療，保護，教育，住宅といった，いわば生存権あるいは生理的ニーズに近いレベルのものであった。

　その後，第2次世界大戦を迎え，終結後世界は再び反省する。しかも，今度は子どもだけでなく，広く人類全般に対する反省を込め，国連憲章（1945年），世界人権宣言（1948年）と，相次いで人権擁護の姿勢が打ち出された。世界人権宣言は，決して子どもを排除するものではなく，「何人も」という表現で人類全般に通ずる人権を宣言している。この宣言のなかで「児童」という言葉が出る条文は，生活の保障（第25条）と教育（第26条）であり，子どもに特徴的な人権として，両者を想定していることがわかる。

　さらに国連では，子ども固有の人権宣言をということで，児童権利宣言（1959年）が採択される。これは，ジュネーブ宣言を基礎にして，新たな原則を追加したものである。この宣言の前文では「児童は，身体的及び精神的に未熟であるため，その出生の前後において，適当な法律上の保護を含めて，特別にこれを守り，かつ，世話することが必要である」とし，子どもへの特別な関心の必要性を宣言している。ただし，これはせいぜい救済型から保護型への転換であって，社会福祉の展開からすると，必ずしも画期的といえるほどのものではない。その理由の一つは，子どもへの関心の背景を「未熟さ」に対する保護に求めていることによると考えられる。

　この時代の人権観は，社会的弱者であるがゆえに社会的に保護を与えるといった考え方であり，子どもはその代表的な存在の一つとして考えられていた。

国際人権規約と子ども観

　社会的弱者に対する保護的な人権観から，人間としての包括的人権保障への転換をはかる動きは，1960年代から活発になる。これを，人類全般に共通する

人権として普遍化したのが，1966年に採択された国際人権規約（経済的・社会的及び文化的権利に関する国際規約：通称社会権規約または A 規約。市民的及び政治的権利に関する国際規約：通称自由権規約または B 規約。市民的及び政治的権利に関する国際規約についての選択議定書：通称 C 規約）である。なお，このうち C 規約については日本は批准していない。

　この規約は，年齢を規定するものではなくすべての人間に共通の人権を規定するものであるが，世界人権宣言の後に児童権利宣言があったように，ここでも子どもに関する人権・権利は必ずしも十分に組み込まれているわけではない。このことは，自由権規約第24条「すべての児童は，（中略）未成年者としての地位に必要とされる保護の措置であって家族，社会及び国による措置について権利を有する」にみられるように，「未成年者」としての子どもという見方，すなわち完成者，成熟者としての成年に達していない存在という見方に典型的である。

　この規約において子どもに関する規定がみられるのは，社会権規約においては，養育責任者としての家族への援助，母性および養育の保障としての母親への援助，日常生活の保障あるいは労働搾取からの保護などを規定する第10条，乳幼児期の保健医療保障を規定する第12条，教育の保障を規定する第13条，同じく自由権規約においては，被告人となった少年の保護を規定する第10条および第14条，氏名あるいは国籍など人間としての基本的なことを規定する第24条などである。

　この時代における最大の特徴は，人権保障の位置づけが宣言から規約あるいは条約へと変わったことである。このことは，その社会的拘束力からして重要な変化であるが，子ども固有の人権・権利の具体的内容は十分には明らかにされておらず，かつそこには，家族，社会，国が子どもにとって善なる存在であるという前提がある。

子どもの権利条約の成立

　国際人権規約が発効となった第31回国連総会（1976年）において，国際児童

年に関する決議が採択された。児童権利宣言採択20周年を記念して，1979年を国際児童年とするというものである。この決定と併行して，児童権利宣言の条約化が検討されることとなった。

　当初は，児童権利宣言を基本に大幅な修正をすることなく，国際児童年に向けての採択が考えられていたようである。しかしながら，関係各国および団体から，その後の状況も踏まえ，児童権利宣言を基本としつつも，より基本的な検討を加えることが求められた。その結果，時期は当初予定より大幅に遅れることになったが，1989年11月20日，「児童の権利に関する条約」（通称，子どもの権利条約）が採択され，1990年9月2日発効した。日本は，少し遅れたが，1994年5月22日に批准した。2015年1月，ソマリアが批准したことにより，国連に加盟している196の国や地域で，この条約に批准していない国は，アメリカのみとなった。

　なお，これらの人権・権利宣言や人権・権利条約は，英語表記をそのまま日本語訳しているため，権利という用語が用いられているが，規定しているものの性格は，むしろ人権という表現がふさわしい内容となっている。子どもの権利条約の英語表記は，Convention on the Rights of the Child であり，rightsのみで訳すと権利となるが，the rights of the child と全体でみると，子どもという human の rights すなわち人権となる。正確には「子ども期の人権」と解すべきものである。

　子どもの権利条約の内容
　採択された条約は，13段におよぶ前文と，3部構成の54条からなる。このうち，子どもに関する実質的な規定を示す第1部（第41条まで）について，ジュネーブ宣言，児童権利宣言，国際人権規約の経済的・社会的及び文化的権利に関する規約（社会権規約），市民的及び政治的権利に関する規約（自由権規約），世界人権宣言との関係を示すと表3-1（40-41頁）のようになる。

　この表から，子どもに関する過去の宣言や条約を国際人権規約との関係で整理すると，いくつかの特徴が明らかになる。第1は，ジュネーブ宣言はほとん

表 3-1　子どもの権利条約（第 1 部）の特徴

ジュネーブ宣言	児童権利宣言	子どもの権利条約		社会権規約	自由権規約	世界人権宣言
		第 1 条	子どもの定義			
		第 2 条	差別の禁止			
前文 原則 3	前文 5 段 原則 2・8	第 3 条	子どもの最善の利益			
原則 1	原則 2	第 4 条	締約国の実施義務	第 2 条 1 項	第 2 条 2 項	
		第 5 条	親の指導の尊重	第13条 3 項		第26条 3 項
		第 6 条 1 項	生命への権利		第 6 条 1 項	第 3 条
	原則 4	2 項	生存・発達の確保			
	原則 3	第 7 条	名前を得る権利		第24条 2 項	
	原則 3		国籍を得る権利		第24条 3 項	第15条
	原則 6		親を知り養育される権利			
		第 8 条	アイデンティティの保全			
	原則 6	第 9 条	親からの分離禁止と分離のための手続			
		第10条	家族再会のための出入国		第12条	第13条
		第11条	国外不法移送・不返還の防止			
		第12条	意見表明権		（第19条）	（第19条）
		第13条	表現・情報の自由		第19条	第19条
		第14条	思想・良心・宗教の自由		第13条	第13条
		第15条	結社・集会の自由		第21条・ 第22条	第20条
		第16条	プライバシー・通信・名誉の保護		第17条	第12条
		第17条	適切な情報へのアクセス			
	原則 7	第18条	親の第一義的養育責任と国の援助			
原則 4	原則 9	第19条	親による虐待・放置・搾取からの保護			
原則 2	原則 6	第20条	家庭環境を奪われた子どもの保護			
		第21条	養子縁組			
		第22条	難民の子どもの保護・援助			第14条
原則 2	原則 5	第23条	障がい児の権利			第25条 1 項
原則 2	原則 4	第24条	健康・医療への権利	第12条 第10条 2 項		第25条
		第25条	医療施設等に措置された子どもの定期的審査			
原則 2	原則 4	第26条	社会保障への権利	第 9 条		第22条
原則 2	原則 4・6	第27条	生活水準への権利	第11条		第25条 1 項
	原則 7	第28条	教育への権利	第13条		第26条 1 項
	原則 7・10	第29条	教育の目的	第13条 1 項		第26条 2 項
		第30条	少数民族・原住民の子どもの権利		第27条	

ジュネーブ宣言	児童権利宣言	子どもの権利条約		社会権規約	自由権規約	世界人権宣言
	原則4・7	第31条	休息・余暇・遊びの権利			第24条
			文化的・芸術的生活に参加する権利	第15条		第27条
原則4	原則9	第32条	経済的搾取・有害労働からの保護	第10条3項		
原則4	原則9	第33条	麻薬・向精神薬からの保護	第10条3項		
原則4	原則9	第34条	性的搾取・虐待からの保護	第10条3項		
原則4	原則9	第35条	誘拐・売買・取引の防止			
原則4	原則9	第36条	他のあらゆる形態の搾取からの保護			
		第37条(a)	拷問等の禁止 死刑の禁止		第7条 第6条5項	第5条
		(b)	自由剥奪の禁止		第9条1項	第9条
		(c)	自由を奪われた子どもの適正な取扱		第10条	
		(d)	自由を奪われた場合の法的権利		第9条	
		第38条	武力紛争における子どもの保護			
		第39条	犠牲になった子どもの心身回復と社会復帰			
		第40条	少年司法		第14条・第9条2項・第15条	第10条・第11条
		第41条	既存の権利の確保	第5条2項	第5条2項	

注：子どもの権利条約の標題は，国際教育法研究会訳を一部改変。
出所：筆者作成。

どが社会権規約に関連する内容であるということである。第2は，児童権利宣言はこれをほぼ完全に吸収するもので，社会権規約の拡大と，国籍，発達，氏名の獲得など，自由権規約のうち極めて基本的な部分を組み込んだものであるということである。第3は，この条約そのものの特徴である。この条約は，児童権利宣言を完全に吸収するものであるとすると，何が増えたかが問題となるが，国際人権規約との関係でみると，ほとんどが自由権規約に関連する項目である。

ユニセフは，この条約で規定された子どもの人権・権利は，生きる権利，育つ権利，守られる権利，参加する権利の4つであるとしている[6]。また，網野武博は，受動的権利と能動的権利という分類を用い，能動的権利保障の必要性を強調している[8]。

　これらの分類方法を整理すると，ユニセフによる，生きる権利，育つ権利は，網野のいう受動的権利であり，国際人権規約との関係でいうと社会権により関連深いものである。一方，守られる権利，参加する権利は能動的権利であり，自由権に関連が深い。すなわち，この条約の最大の特徴は，従来ほとんど重視されてこなかった，子どもの自由権や市民権を明確に位置づけたところにある。具体的には，意見表明権，表現・情報の自由，思想・良心・宗教の自由，結社・集会の自由，プライバシー・通信・名誉などを保護される人権・権利である。これらは「保護される存在としての子ども」という子ども観から，「固有の人格主体，人権・権利主体としての子ども」という子ども観への転換を意味する。

　なお，この条約では，当該国で条約が発効して第1回目は2年以内，その後は5年ごとに，国連子どもの権利委員会に対して報告することを求めている（第44条）。権利委員会は，これに基づき勧告を行う。

注

(1)　ルソー，J. J.（1760）『エミール』（今野一雄訳（1962/2008第76刷）岩波書店，146頁）。

(2)　同前書，173頁。

(3)　ケイ，E.（1900）『児童の世紀』（原田實訳（1952/1953再版）福村書店，77頁）。

(4)　秋山智久（2000）『社会福祉実践論』ミネルヴァ書房，111頁。

(5)　金子宏他編（2000）『法律学小辞典 CD-ROM 版（第3版）』有斐閣。

(6)　国連児童基金。1946年に設立された，世界中の子どもたちの命と健康を守るために活動する国連機関。ユニセフは，United Nations International Children's Emergency Fund の頭文字（UNICEF）をカタカナで表記したもの。

(7)　日本ユニセフ協会（2015）『子どもの権利 "4つの柱"』（https://www.unicef.or.jp/about_unicef/about_rig.html）。

(8)　網野武博（2002）『児童福祉学──「子ども主体」への学際的アプローチ』中央法規出版，72〜75頁。

第4章

子ども家庭福祉の展開

・ ・ ・

1 社会福祉の原初形態

　子ども家庭福祉は社会福祉の一分野である。今日では，子ども家庭福祉，高齢者福祉，障がい者福祉，低所得者福祉などのように，対象別の個別分野が存在し，それぞれに対応したサービスの体系が存在する。しかしながら，初期の段階ではこれらは未分化であり，一つの仕組みのなかで，機能していた。したがって，子ども家庭福祉の歩みを理解するには，社会福祉の歩みを理解する必要がある。ここでは，その基本を理解することを目的として，社会福祉の原初形態について，簡単に紹介しておく。

　社会福祉の原初形態に関する研究は，大正末期から昭和初期に始まった。これに関する最も代表的な文献は，財団法人中央社会事業協会発行の『日本の社会事業』である。ここでは，「社会事業実施の動機」という項目を設け，それを，人間の本能，社会共同意識，宗教的立場，行政的立場という4つの方向から検討している。[1]これを現代風に解釈すると，以下のようになる。

　社会共同意識は，相互扶助による福祉である。これは，知り合いの間に働くお互いの助け合いであり，おそらく人間が社会生活を営み始めた当初から存在していたものである。相互扶助の最も小さい単位は，家族であり，少し大きくなると親族や，地域社会，あるいは各種の仲間集団，企業ということになる。

　宗教的立場とは，宗教行為もしくは宗教的な動機に基づく福祉である。ほとんどの宗教の教義には，その方法や目的は異なるが，人々の救済が含まれている。多くの場合，信仰そのものが神や仏からみれば救済であると同時に，自ら

を高めるための努力や，周辺の他者に広げていくことを求めている。隣人愛，博愛，慈善，作善などである。保育所，その他の子ども家庭福祉施設，老人ホーム，学校，病院など，現代社会においても，宗教団体の果たしている役割は大きい。

　行政的立場は，政策としての福祉である。政策としての福祉は，比較的新しい。世界の歴史では，イギリスのエリザベス救貧法（1601年）が最初の体系的法律であるといわれている。日本では，明治政府による 恤 救 規則（1874年）がこれにあたる。これらは，いずれも救貧対策としての政策であり，社会福祉，社会保障あるいは社会政策の原初形態といわれる。

　以上3つの原初形態は，第一義的には「ウチ」なる関係に機能することを特徴としている。相互扶助は，機能的な相互関係が認知されている人間関係の中で働くものであるし，政策は国家，国民を越えて展開することは本来例外である。慈善も元々は信仰という関係の中で機能するものである。

　それでは「ソト」関係に働く原初形態あるいは思想は何なのか。古くは孟子のいう惻隠の情や仁，人間の本来的性質を善なるものとみなす性善説などである。中世から近代にかけては，humanitarianism, philanthropy（日本語訳としては，人道主義，博愛主義などの語があてられている）などや，Voluntarism, Voluntaryism（自発性，任意性，主意主義）として様々な分野でこれを推進する動きがみられた。このように「ソト」関係にも働く人間愛的福祉なるものの特徴は，独立して存在するというよりも，たとえば，危機的状況に直面した時には他の3つの動機に対して，併行的に機能するところにある。いわば福祉の推進力であり，「人間の本能」と表現されたものに重なると考えられる。

　「ウチ」関係で機能するものは保守的，妥協的になりやすいが，「ソト」関係にも働くものはより自由であり，運動的性格を帯びることも可能である。その結果，歴史を推進する源泉となる。社会福祉の歴史的発展は，相互扶助，慈善，政策といった「ウチ」関係により，それぞれの時代におけるより強固なもの，安定的なものを志向しつつも，一方で人間そのものを大切にする民間の動きにより，時代や国家（ナショナリズム）を超越した，より人間的な社会の形成を願

図4-1　社会福祉の原初形態

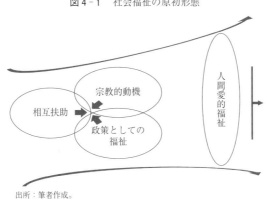

相互扶助

宗教的動機

政策としての
福祉

人間愛的福祉

出所：筆者作成。

うという，相矛盾したものを内包していたといえる。これらを図式化したのが，図4-1である。

2　日本における子ども家庭福祉の展開

児童福祉法以前

　子どもが福祉政策の対象となるのは，1874年の恤救規則である。ここでは，13歳以下の幼者が救済の対象とされていた。しかしながら，その救済は，相互扶助の網から漏れた無告の窮民（全く身寄りのないもの）に限定されており，実際に保護の対象となるものはほとんどなかった。

　恤救規則のすき間を埋め，当時の子どもたちの保護にあたったのが，宗教団体や篤志家などの民間人あるいは民間団体である。

　孤児あるいは棄児などを対象として，明治期に開設された代表的な施設としては，石井十次（**写真**4-1，次頁）による岡山孤児院，小橋勝之助の博愛社などがある。また，知的障がい児を入所させた施設としては，石井亮一（**写真**4-2，次頁）の滝乃川学園などがある。

　一方，刑法の隣接領域として，少年の処遇に教育的要素を取り入れた感化法が公布されるのは，1900年である。法制定の前年には留岡幸助（**写真**4-3，次

写真4-1　石井十次　　写真4-2　石井亮一　　写真4-3　留岡幸助　　写真4-4　野口幽香

頁）による家庭学校も設立されている。

　保育所は，赤澤鍾美により開設された新潟静修学校（小中学校）の附属施設，幼稚園については学制（1872）により幼稚小学（現，幼稚園）という学校が規定されていたこともあり，国立の東京女子師範学校（現，お茶の水女子大学）附属幼稚園が端緒となった。民間では，野口幽香（写真4-4）が東京でスラム街の近くに，低所得家庭の子どもを対象として，当初幼稚園として開設した二葉幼稚園（その後，二葉保育園に改称）など，その後，貧民幼稚園といわれた取り組みもみられる。ここで示した施設は，いったん廃止されたり，名称や場所を変えたりしつつも，現在も活動を続けている。

　昭和期に入ると，戦時体制の推進とも関連しつつ，いくつかの変化があった。まず，1929年には，恤救規則を改め，救護法が公布された（施行は1932年）。この法律では，保護の対象のなかに，13歳以下の幼者に加え，妊産婦が規定されている。保護の方法は，在宅保護と施設保護であり，今日の生活保護法の原型ができあがる。

　さらに，1933年には，感化法が少年教護法と改められ，感化院も少年教護院と改称された。また，同年，労働搾取等を含む虐待をされる子どもを対象として，児童虐待防止法も制定された。児童虐待防止法では，入所施設としての児童虐待防止施設が規定された。今日の児童福祉法に継承される禁止行為もこの法律で明文化された。

児童福祉法の成立

敗戦による混乱は，日常生活のみならず，法制度においても同様である。子ども家庭福祉に関係する総合的な法律の制定は戦前からの課題であったが，戦後これが児童保護法として審議されることになる。児童福祉法という名称になったのは1947年１月の案からである。法律は，同年12月12日に公布され，翌年１月１日から施行となった。これによって，少年教護法，児童虐待防止法は廃止となった。

名称が直前まで確定しなかったように，審議過程においては，さまざまな議論が交された。たとえば，年齢については18歳未満ということは変わらなかったが，対象を今日のようにすべての子どもとするか，保護を要する子どもに限定するかについては，1947年１月段階まで決定していない。また，前文に「児童は歴史の希望である」という一文がみられたり，現在の児童憲章が組み込まれていた案もあった。

ちなみに，制定時の児童（子ども家庭）福祉施設は，助産施設，乳児院，母子寮，保育所，児童厚生施設，養護施設，精神薄弱児施設，療育施設，教護院の９種類である。

児童福祉法成立以降

(1)子ども家庭福祉の基礎形成期（1947年から1950年代前半）

昭和20年代には，児童福祉法以外にも，身体障害者福祉法（1949年），新生活保護法（1950年），社会福祉事業法（1951年：現，社会福祉法）などが成立し，戦後復興に向けての基本的な体制ができあがっていく。しかしながら，復興は容易なものではなく，保護的福祉施策からの脱却を図ることを意図した児童福祉法も，現実には，孤児や浮浪児などの戦後対応から始まり，経済的貧困家庭の子どもや，貧困に起因して起こる非行問題など，保護的側面中心に機能していた。

戦前の社会福祉事業は，国の責任に基づくものは限られており，宗教関係者，篤志家や企業等の支援を受けた個人などの民間事業や地方自治体の独自事業が中心であった。戦後は，憲法における国家責任による社会福祉の推進（第25条）

や，公的資金を投入される民間の福祉事業については，「公の支配のもとに属する」（第89条）などの規定により，公的責任のもとでの政策推進が積極的に図られた。とりわけ，代表的な施設である保育所については，児童福祉法で市町村に保育の実施義務が課せられたことで，公営施設の設置が進んだ。

(2)福祉施策拡充期（1950年代後半から1970年代前半）

1956年に発行された『経済白書』の副題は，「もはや『戦後』ではない」とつけられた。同じく1956年に発行された厚生白書には，「果たして『戦後』は終わったのか」という見出しがみられる。立場による対応の違いはあるが，(国民)所得倍増計画（1960年）により経済成長は飛躍的に進む。これを支えるために，保育所の拡充が行われるとともに，経済成長に支えられて福祉の拡充も図られていった。

保育所は，1960年から1975年の間に，施設数で1.86倍，入所児数では2.36倍に増加している。この他にも，児童扶養手当法（1961年），特別児童扶養手当等の支給に関する法律（1964年），児童手当法（1971年）などの手当制度も始まる。1964年には，母子福祉法（現，母子及び父子並びに寡婦福祉法）が成立する。また，児童福祉法から母子保健法が独立（1965年）するなど，母子保健施策の拡充も図られた。

このような変化は，家族規範や子どもの生活を大きく変化させ，必ずしも，絶対的貧困を原因とするものではない，第2の非行の波(2)と呼ばれる少年非行なども増加した。情緒障害児短期治療施設（現，児童心理治療施設）は，このような時代背景を受け，「軽度の非行少年」への早期対応あるいは予防的対応を目的に，1971年，新たな子ども家庭福祉施設として設置された。

(3)安定基礎整備期（1970年代後半から1980年代）

経済成長に後押しされた福祉政策の拡充，1970年に高齢化率が7％を超え，高齢化社会に突入したことなどを背景に，政府は，1973年を福祉元年と位置づけ，福祉のさらなる拡充を宣言した。ところが，これと前後して，二度のオイルショックに見舞われる。これは，右肩上がりの経済成長の終焉を意味すると同時に，市場が国際化していることをうかがわせるものであった。

　子ども家庭福祉分野では，1970年代の半ばから，ベビーホテルと称せられる認可外保育施設での乳幼児の死亡事件が相次ぎ，国会でも取り上げられるほどの社会的問題となった。夜間保育制度はこれに対応する施策の一つであった。また，男女の高学歴化が進み，子育てと就労の両立志向が顕著となり，就労形態も多様化するなかで，延長保育やゼロ歳児保育の需要が高まることとなった。

(4)普遍主義と地域福祉志向期（1990年代）

　この期においては，福祉関係3審議会合同企画分科会の意見具申（1989年）を受け，地域福祉志向が本格化する。これが，地域福祉の推進を意図した社会福祉法（2000年）に結びついていく。社会福祉法およびこれに関連する制度変更としては，地方分権化，在宅福祉サービスの整備，利用者本位の制度にまつわるものとしての措置制度の廃止と直接契約化，事業者補助から利用者補助への転換，契約支援制度としての成年後見制度，情報提供・情報開示，第三者評価などがある。これに合わせ，供給主体の多様化，公営施設の民営化・民間移管も進んだ。子ども家庭福祉分野では，保育所，母子生活支援施設，助産施設において，措置制度が廃止された。

　一方，人口動態は，ますます少子高齢社会への歩を速める。1989年，合計特殊出生率は，ひのえうまの年（1966）の1.58を下回る1.57となり，『厚生白書』に初めて，「少子化」という言葉が登場する（1994年）。これに対応するため，国は「今後の子育て支援のための施策の基本的方向について（通称，エンゼルプラン）」（1994年）を発表する。これは，その後，新エンゼルプラン（1999年），子ども・子育て応援プラン（2004年），子ども・子育てビジョン（2010年）へと繋がっていく。

　また，子どもの権利条約に日本が批准したことにより（1994年），さまざまな分野からの子どもの人権・権利に関する研究が進む。国際家族年（1994年）も含め，国際動向が日本の子ども家庭福祉政策に直接影響を与えた，初めての出来事といってもよいほどの状況を迎えた。

　一方，生活の現場では，保育所待機児の増加に伴い，認可外保育施設が認可保育所の代替機能を果たしていることが明確になるとともに，子ども虐待の顕

在化および深刻化，在宅子育て家庭支援の必要性の増大，小一プロブレム⁽⁴⁾，子育てサークルや子育て支援 NPO 法人活動の活性化など，さまざまな変化が起こる。公的施策だけの限界も明らかとなり，市民参加型福祉の推進の必要性がより強く認識されることとなる。

(5)多様化する子ども家庭福祉問題と地域福祉視点の施策推進（2000年から2020年）

　多様な施策の展開にもかかわらず，少子社会からの脱却が困難なこともあって，子ども家庭福祉施策はその後も継続的に変化する。また，少子社会に対応する子ども家庭福祉施策の推進を図ることを目的に，10年間の時限立法として，次世代育成支援対策推進法（2003年）も成立した。

　個別分野では，子ども虐待にかかわる施策が急速に整備されていく。児童虐待の防止等に関する法律（2000年），通告体制の強化，重篤な事件に対する国および地方自治体における検証制度の導入，子ども虐待の通告先に市町村を明記，子ども家庭福祉相談の市町村窓口化，要保護児童対策地域協議会の設置，親権制度の見直し，児童相談所長による親権代行規定，児童相談所改革など，新しい社会的養育ビジョンによる社会的養護改革である。

　保育の分野では，待機児対策が大きな課題となる。これに対しては待機児童ゼロ作戦（2001年）といった直接的な対応だけでなく，認定こども園制度の創設により，待機児対策も内包した，幼稚園と保育所との新たな関係が構築されることになる。

(6)子どもを核とした施策展開（2020年以降）

　少子化対策あるいは次世代育成支援対策が始まったのは1990年代からである。しかしながらその効果は，十分に発揮されることなく，出生数は，2021年には81万人程度まで落ち込んだ。

　また，子ども虐待相談対応の増加と内容の深刻化も社会的関心を集めている。加えて，国連子どもの権利委員会による総括所見（第1回～第5回）で，委員会が日本に毎回のように求めていたことの一つが，子どもの権利を擁護することを明記した立法と，そのための機関の設立である。

資料 4 - 1　子ども・子育て支援制度のポイント

① 認定こども園，幼稚園，保育所を通じた共通の給付（施設型給付）及び小規模保育等への給付（地域型保育給付）の創設
② 認定こども園制度の改善
③ 地域の実情に応じた子ども・子育て支援
④ 基礎自治体（市町村）を実施主体
⑤ 消費税率の引き上げによる，社会全体による費用負担
⑥ 政府の推進体制の整備
⑦ 国に子ども・子育て会議を設置（地方には，地方版子ども・子育て会議の設置を努力義務化）

　このような状況を受け，2022年，こども基本法の制定，子ども家庭支援策の強化，内閣府外局としてのこども家庭庁の開設（2023年4月），などが行われた。

児童福祉法改正と子ども・子育て支援制度

(1)子ども・子育て支援制度

　子ども・子育て支援制度とは，2012年に成立した「子ども・子育て支援法」，「認定こども園法の一部改正法」，「子ども・子育て支援法及び認定こども園法の一部改正法の施行に伴う関係法律の整備等に関する法律」（一般に，子ども・子育て関連3法という）に基づく制度のことをいう。

　この制度は，少子高齢社会の加速化，サービス整備の自治体間の格差，サービス不足領域への対応などを背景に，①質の高い幼児期の学校教育・保育の総合的な提供（認定こども園制度の改善），②保育の量的拡大・確保（過疎地の資源の確保と再配分，保育所待機児の解消），③地域の子ども・子育て支援の充実，を主な目的にしている。

　子ども・子育て支援制度のポイントは，**資料 4 - 1** に示す，大きく7点にある。

(2)2016年児童福祉法改正と社会的養育

　2016年，子どもの権利条約の精神を反映すべく，児童福祉法が大きく改正された。そのポイントは，①子どもを権利の主体と位置づけたこと（子どもは，子どもの権利条約の精神にのっとり権利を有すること，社会には，子どもの意見を尊重

し，最善の利益を考慮する必要性があること），②養育の第一義的責任は保護者に
あることを明記したこと，③施設養護は家庭養護が適当でない場合とすること，
④自立援助ホームから大学等に進学する場合，22歳まで利用可能とすること，
⑤都道府県（児童相談所）に里親支援業務を義務づけたこと，などである。

　これを実現するための工程を示したのが「新しい社会的養育ビジョン」
（2017年）である。このビジョンでは，①新たな里親類型の提案と推進（一時保
護里親，専従里親，フォスタリング機関の設置），②家庭養護の目標値の提示（就学
前児童の新規施設措置を停止し，おおむね7年以内に里親等委託率を75％以上とするこ
と，学童期以降はおおむね10年以内にこれを50％以上とすること），③施設改革（おお
むね10年以内に，すべて小規模化・地域分散化，入所期間は原則，就学前の子どもは数
か月，学童期以降は1年以内とする），などが示されている。

　2022年児童福祉法改正の内容は，2016年改正で継続審議事項となっていた課
題と，その後の状況への対応を意図したものである。具体的には，①子育て世
帯に対する包括的な支援のための体制強化（子ども家庭総合支援拠点と子育て世代
包括支援センターの見直しによる「こども家庭センター」の設置，「かかりつけ相談機
関」の創設，児童発達支援の類型（福祉型，医療型）の一元化など），②一時保護所
および児童相談所による子どものケアや支援，困難を抱える妊産婦等への支援
の質の向上，③社会的養護経験者・障害児入所施設の入所児童等に対する自立
支援の強化（児童自立生活援助の年齢による一律の利用制限の弾力化，社会的養護経
験者等を通所や訪問等により支援する拠点の新設，障害児入所施設の利用を22歳まで延
長），④子どもの意見聴取等の仕組みの整備，⑤一時保護開始時の判断に関す
る司法審査の導入（家庭裁判所による一時保護状の発行など），⑥子ども家庭福祉
の実務者の専門性の向上（民間資格としての子ども家庭福祉ソーシャルワーカーの認
定），⑦子どもをわいせつな行為から守る仕組み（日本版DBS：性犯罪歴等の証明
を求める仕組み）の漸次導入，などである。

　さらにこれと合わせて，こども基本法が制定され，こども施策に関する大綱
の策定，都道府県こども計画・市町村こども計画の策定，こども政策推進会議
の設置などが規定された。

3　欧米の子ども家庭福祉のあゆみ

　本節では，欧米の子ども家庭福祉の歴史を概括するが，全体に触れることは
できないので，エピソードとして，5つの話題について紹介する。また，社会
福祉の歴史において，イギリスは大きな役割を果たしており，特に国名に言及
していない場合，イギリスを中心とした記述であることをあらかじめ記載して
おく。

救貧法と子ども

　政策としての福祉は，英国のエリザベス救貧法（1601年）から始まったとい
われている。当初，救貧法の対象は，有能貧民（働ける能力があるのに仕事がな
いなどの理由で貧困であるもの），無能貧民（障がいや高齢など働くことができない状
況にあるため貧困であるもの），子ども，の3つとされており，子どもが救済の対
象として意識されていた。救貧法による保護は，在宅保護を原則とし，子ども
については祖父母などに扶養を義務づけ，それができない場合には教区徒弟
制度などがおこなわれた。後には院内救済の制度も設けられる。

新救貧法と民間活動

　救貧法は，英国国教会の教区を基盤とした制度であり，時代が経過するとと
もに，財政力や施策方針によって，保護内容に差がみられるようになった。こ
のような状況のなかで，1834年に，教区間の格差を是正することを目的の一つ
として救貧法が大幅に改正された（新救貧法）。新救貧法は，院内救済，劣等処
遇（救貧法のサービスを受けているものと受けずに生活をしているものとの間に差を設
けること），救貧行政の統一，などの原則のもとに進められた。

　一方，制限的な新救貧法の実施により，保護が必要なものまでもサービスの
利用を拒否されたり，厳しい院内処遇に耐えきれず，救貧院や労役場から逃げ
出したりしたものが町中にあふれることになった。その結果，活発となるのが

民間活動である。子どもを対象とした活動では，明治期の代表的な社会事業家の一人である石井十次に大きな影響を与えた，日本の児童養護施設に相当するバナードホームが開設されたのが1870年である。バナードホームは，混合収容，分類収容，小舎制，里親制度など，時代に応じた実験的挑戦を行いつつも，21世紀を目前にして，100年以上におよぶ入所施設としての歴史を閉じ，地域基盤の総合的な子どもサービスへと転換した。

子ども虐待への対応

　救貧法の対象として，十分には認識されていなかったのが子ども虐待である。保護者による虐待のみならず，里親委託先での虐待などの発生に対して，民間団体として全国児童虐待防止協会が設置され（1883年），1889年には児童虐待防止法の成立をみる。すでに当時の英国では，動物虐待への取り組みが進んでおり，法律の制定過程では，「子どもも動物であるから，虐待をしてはならない」などの議論がされ，最終的に独立法の制定につながったといわれている。米国では，すでに1875年に，ニューヨーク市児童虐待防止協会が設立されていた。

　英国では，1908年，この法律を含め関連各法を整理し，児童法が制定されている。この法律では，犯罪少年の処遇を少年審判所で決定するなど，子ども固有のケア体制の確立が芽生えることになった。

ホスピタリズムと個別ケア

　ホスピタリズムとは，長期間にわたる，施設や病院などでの入所生活の結果現れる，身体的特性や性格的特性のことをいう。とりわけ，精神科医ボウルビィの提唱したアタッチメント（愛着）理論は，乳幼児期はアタッチメントの形成において極めて重要であり，施設入所などにより特定の養育者と長期間引き離されることは，子どもの心理面に大きな影響を与えるというもので，後に，母性剥奪論として知られることになる（ただし，この考え方については，ボウルビィ自身は後に修正している）。

　このような考え方は，各国の子ども家庭福祉施設の体制に大きな影響を与え

た。たとえば，英国では，カーティス委員会報告に基づき，社会的養護は，養子縁組や里親制度で行うべきであるとの考え方が導入され，とりわけ乳児については，集団養護をできるだけ避ける方向が明確となる。ホスピタリズムは，わが国でも，1950年前後から大きな話題となったが，子どもの権利条約に基づく指摘まで，大きな転換はなかった。

子どもの権利条約とコルチャック

　子どもの権利条約成立の背景の一つとして，ポーランドのコルチャックの存在は大きい。コルチャックの子ども観は，親との関係を絶対的に対等とみること，全てを自分で決める権利があること，という二つの基本の上にたっていた。ナチスの弾圧下において自身のみの助命をしりぞけ，ユダヤ人孤児に同行し，ユダヤ人収容所で最期を迎えた。

　子どもの権利条約成立のきっかけをつくったのはポーランドであるし，20年という時間をかけつつも成立に向けての努力を惜しまなかった国もポーランドである。その背景には，第1次世界大戦，第2次世界大戦，いずれにおいても戦場となり，多くの子どもたちの犠牲を払ったという歴史，またコルチャックの偉業への思いがあったといわれている。

4　特徴的な世界の就学前施策

世界の潮流

　日本の就学前施策は，保育所と幼稚園を中心に推進され，両者が相容れない時代が長く続いた。子ども・子育て支援制度で，幼保連携型認定こども園が制度化されることで，第三の道として両者を統合的に進めるルートも設けられたが，当面は3元化体制という，より複雑な制度となった。

　一般に保育白書と呼ばれる，OECD による3回のスターティング・ストロング報告（2001，2006，2012年）[(5)]では，先進諸国の就学前施策に関する調査研究が進められている。スターティング・ストロングとは，人生のスタートに積極的

資料4-2　OECD 保育白書にみる世界の就学前教育・保育施策の潮流

① 利用者を普遍化する，利用者を選別する，さらに，その変型として午前，午後でそれを 　 組み合わせるなど，さまざまなスタイルがあるが，社会全体で子どもを育てるという理念 　 がある社会では，普遍化の方向に進む場合が多い
② 利用の無償化が模索されている
③ 利用の義務化が一部で検討されている
④ 幼保一元化は，スウェーデンやニュージーランドのように，時間をかけて進んでいる
⑤ 質の向上のための方法が模索されている

　に社会がかかわることで，育ちを確固たるものにするといった考え方である。就学前施策への積極的投資が，長期的視点でみたときに，社会的投資としても有効であり，積極的に投資すべきであるといわれている。

　これら3つの報告においては，**資料4-2**に示す，大きく5つの方向性が明らかにされている。また，OECD の保育白書（2006年）では，世界各国の就学前施策は，(1)小学校への就学準備を重視するタイプ，(2)生涯学習の基盤として幼児期を位置づけ，保育・養護・教育に対して生活視点を重視するタイプ，の大きく2つの類型に分けることができるとしている。具体的には，アメリカ，イギリス，フランスが前者のタイプ，ドイツとスウェーデンが後者のタイプと説明されている。日本は，幼稚園が前者のタイプ，保育所が後者のタイプということになると考えられる。

スウェーデン

　スウェーデンの就学前施策は，1996年，保育所がプレスクールとなり，教育省が管轄する公的教育の体系に位置づけられたことで，保育所と幼稚園は一元化している。プレスクールは1歳から6歳の子どもが利用する。2011年に新しい学校法が制定され，プレスクールのカリキュラムも改訂された。具体的には，プレスクールの学校化が進み，言語，数学，自然科学，科学技術などの発達目標が明確化され，生活重視の保育内容から，就学準備型の幼児教育へと転換をみせつつある。

　0歳児については育児休業が進んでいる。育児休業は1歳以上でも取得者が

多く，子どもは家庭や地域で生活するものも少なくない。福祉国家として財政面でも充実し，質的にも優れたものと評価されている。ただし，1990年代以降，経済危機などがあり，福祉国家の基盤がゆらぎつつある。

フランス

　3歳から通う保育学校を「最初の学校」として位置づけているフランスでは，養護の役割も果たしつつ，学校教育としての幼児教育を重視してきた。そのこともあり，保育学校は初等教育の一つとして理解され，小学校と一貫した教育プログラムにもとづいた教育をおこなっている。3歳未満の子どもたちについては，保育ママ的なものや小規模の保育所的なものがある。

イタリア

　国制度ではないが，レッジョ・エミリア市が半世紀近くをかけて構築してきた，レッジョ・エミリア・アプローチが，関心を集めている。これは，子どもたち一人ひとりの意思を尊重し，個々に持つ感性を生かすことが最も重要であるという理念のもと，コミュニケーションのとり方，そのための創造性・発想性を高める環境を重視している。日々子どもがどう反応し，どういう発想を持ったかを記録し，カリキュラムの内容を子どもの成長記録にあわせて作り上げることを重視する。

ニュージーランド

　ニュージーランドでは，1980年代後半に，幼稚園，プレイセンター，保育所，家庭内保育所などが，教育部の管轄下で一元化された。また，1996年には，0〜6歳児を対象とするナショナル・カリキュラムである「テファリキ」が作成され，コミュニティへの所属意識や社会貢献への姿勢などを育むことを強調している。

　また，保育・教育の質についての第三者機関による外部評価制度が進んでいる。公的制度として保育・教育を実施している施設については，評価結果をホ

ームページで公表することで，保護者の施設選択を支援する仕組みを作っている。

アメリカ

アメリカの特徴は，生活関連施策のほとんどが州の自治に任されていることである。したがって，国制度としての就学前保育，教育施策はないといっても過言ではない。しかしながら，州レベルあるいは地方学区レベルにおいて多様な基準を設定し，「ユニバーサル・サービス」としての幼児教育サービスを提供している。そのため，教育内容に関しても，全米で統一されたスタンダードは構築されておらず，州レベルでのスタンダードとしての「コア・カリキュラム」の開発が進んでいる。また，英語を母語としない人も多いため，就学前の段階から，学習の基礎となる能力を高める取り組み（スクール・レディネス）も多い。

保育的施策は，自助精神に基づき，ベビーシッターの活用も多く，集団型の保育サービスは低所得家庭を対象としたものが少なくない。

注

(1)　中央社会事業協会（1938）『日本の社会事業』中央社会事業協会，14〜26頁。

(2)　貧困からくる生きるための非行（生活型非行）であった第1の波に対して，第2の波は，価値観の葛藤や社会への反発に起因する反抗型非行といわれている。

(3)　措置制度とは，利用の決定を行政がおこなう制度で，利用者の施設選択等が制度上保障されていない。たとえば保育所は，措置制度の廃止によって，利用希望施設を書類に記入し，市町村に提出する制度（選択契約制度）に変わった。

(4)　小学1年生が，①集団行動がとれない，②授業中に座っていられない，③教員の話に集中できない，など学校生活になじめない状態を指す言葉。

(5)　経済協力開発機構（Organization for Economic Co-operation and Development）。1948年，欧州16か国でOEEC（欧州経済協力機構）として発足。1961年に，米国およびカナダが加わりOECDが発足。日本は1964年に加盟。2022年現在，38か国が加盟。①経済成長，②貿易自由化，③途上国支援，を三大目的とする。

第5章

子ども家庭福祉の制度

・・・

1 子ども家庭福祉の法律

　子ども家庭福祉制度の安定的運用，社会的普及あるいは社会的信用の確保は，法律，通知，条例などにより，公的責任が明示されると，より強くなる。制度に基づく子ども家庭福祉実践も同様である。本節では，子ども家庭福祉に，間接的に関係する法律を含め，その体系を簡単に紹介する。

国 際 法

　国際法とは，複数の国家間の合意で結ばれた法規であり，条約あるいは規約などの形をとることが多い。国際連合がとりまとめたものは，多くの国が締結している場合が多く，国際的にも重要な意味をもつ場合が多い。

　国際法は，日本国憲法第7条に基づき，天皇が国事行為として公布する。その効力は，憲法には劣るが，一般的な法律よりは優先する。また，憲法では，「日本国が締結した条約及び確立された国際法規は，これを誠実に遵守することを必要とする」（第98条第2項）と規定しており，当然のことながら，締結した法規，あるいはそれに基づく勧告等にはしたがう必要がある。

　子ども家庭福祉に関連する国際法には，第3章で紹介した，子どもの権利条約，国際人権規約などがある。この他にも，子どもを含め，障がいのある人を対象にした，「障害者の権利に関する条約」（通称，「障害者権利条約」），女性の福祉にかかわる，「女子に対するあらゆる形態の差別の撤廃に関する条約」（通称，「女子差別撤廃条約」）などがある。

資料5-1　子ども家庭福祉の主な法律

●社会の基礎にかかわる法律

憲法　民法　少子化社会対策基本法　男女共同参画社会基本法

●子ども家庭福祉六法

児童福祉法　児童扶養手当法　母子及び父子並びに寡婦福祉法　母子保健法

特別児童扶養手当等の支給に関する法律（特別児童扶養手当法）　児童手当法

●子ども家庭福祉に関連する法律

児童虐待の防止等に関する法律（児童虐待防止法）　子ども・子育て支援法

次世代育成支援対策推進法　子ども・若者育成支援推進法

子どもの貧困対策の推進に関する法律（子どもの貧困対策法）

就学前の子どもに関する教育・保育等の総合的な提供の推進に関する法律（認定こども園法）

●子どもの生活にかかわる法律

教育分野：教育基本法　学校教育法　いじめ防止対策推進法

司法・青少年の健全育成分野：少年法　少年院法　少年鑑別所法　児童買春・児童ポルノに係る行為等の規制及び処罰並びに児童の保護等に関する法律（児童ポルノ禁止法）

保健医療分野：学校保健安全法　母体保護法　地域保健法

労働分野：育児休業・介護休業等育児又は家族介護を行う労働者の福祉に関する法律（育児介護休業法）　若者雇用促進法

●社会福祉の基礎にかかわる法律

社会福祉法　生活保護法　民生委員法　売春防止法　精神保健及び精神障害者福祉に関する法律（精神保健福祉法）　配偶者からの暴力の防止及び被害者の保護等に関する法律（DV防止法）

注：カッコ内は通称。

出所：筆者作成。

国内法の体系

(1)日本国憲法

　子ども家庭福祉の法体系の原点は憲法に求めることができる。憲法では，基本的人権の享有（第11条），個人の尊重および幸福追求権（第13条），法の下の平等（第14条），家庭生活における個人の尊厳と両性の平等（第24条），健康で文化的な最低限度の生活を営む権利（第25条），能力に応じて等しく教育を受ける権利（第26条），勤労の権利・義務と児童酷使の禁止（第27条），などの規定を設けている。

　このうち，第25条は，国による社会福祉推進の根拠を示す重要な規定である。この条文に基づき，児童福祉法をはじめとする子ども家庭福祉関連法，教育，

労働，保健など，子どもの生活に関連する各種の法律が制定されている。

> 第25条 すべて国民は，健康で文化的な最低限度の生活を営む権利を有する。
> 2 国は，すべての生活部面について，社会福祉，社会保障及び公衆衛生の向上及び増進
>   に努めなければならない。

⑵子ども家庭福祉の法体系

子ども家庭福祉に関連する日本の代表的な法律には，**資料5‐1**に示すようなものがある。

2 子ども家庭福祉の行政機構・審議会・実施機関

子ども家庭福祉の行政機構

⑴国の行政機構

国における子ども家庭福祉行政は，児童福祉法制定時は，厚生省児童局を中心に営まれることとなっていた。その後，厚生省児童家庭局，厚生労働省雇用均等・児童家庭局，厚生労働省子ども家庭局を経て，2023年度から内閣府の外局として位置づけられる「こども家庭庁」を中心に営まれることとなった。これによって，厚生労働省子ども家庭局や内閣府の子ども・子育て本部などが一体化される。教育部門については，引き続き文部科学省が担う。

こども家庭庁は，企画立案・総合調整部門，成育部門，支援部門の3部門で構成され，**資料5‐2**（次頁）に示すような法律を所管する。政策審議については，こども家庭審議会が行う。

また，こども基本法に基づく機関として，内閣総理大臣を会長とするこども政策推進会議が設置される。これに関連して，こども施策に関する大綱を策定する。大綱に基づき，都道府県は，都道府県こども計画，市町村は，市町村こども計画策定の努力義務が課せられる。

資料5-2　こども家庭庁が所管する主な法律

児童福祉法　母子及び父子並びに寡婦福祉法　母子保健法　児童手当法　児童扶養手当法　特別児童扶養手当の支給等に関する法律　少子化社会対策基本法　次世代育成支援対策推進法　子ども・子育て支援法　子ども・若者育成支援推進法　母体保護法　こども基本法　児童虐待の防止等に関する法律　医療的ケア児及びその家族に対する支援に関する法律　児童買春，児童ポルノに係る行為等の規制及び処罰並びに児童の保護等に関する法律　等
【一部共管】 就学前の子どもに関する教育，保育等の総合的な提供の推進に関する法律　発達障害者支援法　障害者の日常生活及び社会生活を総合的に支援するための法律　障害者虐待の防止，障害者の養護者に対する支援等に関する法律　青少年が安全に安心してインターネットを利用できる環境の整備等に関する法律　等

(2)地方自治体の行政機構

　地方自治体によって名称は異なるが，都道府県などでは，民生部，福祉部，保健福祉部あるいは健康福祉部などの名称が比較的多く用いられている。近年では，保健部局と福祉部局の統合が進んでおり，保健と福祉の双方を含む名称が多くなりつつある。市町村では，人口規模などにより，位置づけはかなり異なる。大きな自治体では，児童福祉課，家庭福祉課，保育課，保育福祉課，子ども課，子ども青少年課など，子ども固有に近い課が1つあるいは2つ設置されている場合が多いが，小規模な市町村では住民生活に関連する業務を合わせて，生活課や住民課で所管しているところもある。

(3)都道府県の業務

　児童福祉法では，都道府県の業務を第11条（資料5-3），および第27条第1項（資料5-4）に規定している。なお，これらの業務の多くは，児童相談所長に委託され遂行される。

(4)市町村の業務

　市町村の業務は，第10条第1項に規定されている（資料5-5）。

資料5‐3　児童福祉法第11条（抄）に規定される都道府県の業務

1．市町村相互間の連絡調整，市町村に対する情報の提供，市町村職員の研修その他必要な援助を行うこと及びこれらに付随する業務を行うこと。
2．児童及び妊産婦の福祉に関し，主として次に掲げる業務を行うこと。
　イ．各市町村の区域を超えた広域的な見地から，実情の把握に努めること。
　ロ．児童に関する家庭その他からの相談のうち，専門的な知識及び技術を必要とするものに応ずること。
　ハ．児童及びその家庭につき，必要な調査並びに医学的，心理学的，教育学的，社会学的及び精神保健上の判定を行うこと。
　ニ．児童及びその保護者につき，ハの調査又は判定に基づいて必要な指導を行うこと。
　ホ．児童の一時保護を行うこと。
　ヘ．一時保護解除後の家庭その他の環境の調整，当該児童の状況の把握，児童の安全を確保すること。
　ト．里親に関すること。
　チ．養子縁組に関すること。

資料5‐4　児童福祉法第27条第1項（抄）に規定される都道府県の業務

1．児童又はその保護者に訓戒を加え，又は誓約書を提出させること。
2．児童又はその保護者を児童相談所その他の関係機関若しくは関係団体の事業所若しくは事務所に通わせ当該事業所若しくは事務所において，又は当該児童若しくはその保護者の住所若しくは居所において，児童福祉司，知的障害者福祉司，社会福祉主事，児童委員若しくは当該都道府県の設置する児童家庭支援センター若しくは当該都道府県が行う障害者等相談支援事業に係る職員に指導させ，又は市町村，当該都道府県以外の者の設置する児童家庭支援センター，当該都道府県以外の障害者等相談支援事業を行う者若しくは前条第一項第二号に規定する厚生労働省令で定める者に委託して指導させること。
3．児童を小規模住居型児童養育事業を行う者若しくは里親に委託し，又は乳児院，児童養護施設，障害児入所施設，児童心理治療施設若しくは児童自立支援施設に入所させること。
4．家庭裁判所の審判に付することが適当であると認める児童は，これを家庭裁判所に送致すること。

資料5‐5　児童福祉法第10条第1項（抄）に規定される市町村の業務

1．児童及び妊産婦の福祉に関し，必要な実情の把握に努めること。
2．児童及び妊産婦の福祉に関し，必要な情報の提供を行うこと。
3．児童及び妊産婦の福祉に関し，家庭その他からの相談に応じること並びに，必要な調査及び指導を行うこと並びにこれらに付随する業務を行うこと。

子ども家庭福祉の審議機関

(1)国における審議会等

　子ども家庭福祉に関する審議は，こども家庭庁に設置される，こども家庭審議会が行う。この審議会では，①子ども・子育て支援法の施行に関する重要事項，②こども，こどものある家庭及び妊産婦その他母性の福祉の増進に関する重要事項，③こども及び妊産婦その他母性の保健の向上に関する重要事項，④こどもの権利利益の擁護に関する重要事項，などを調査審議する。

　厚生労働省には，審議機関として，社会保障審議会が置かれている。ここでは，社会福祉や社会保障に関する事項，あるいは人口問題に関する事項を調査審議したり，これらに関して，厚生労働大臣などに意見具申を行う。

(2)地方自治体における審議会等

　地方の子ども家庭福祉行政に関する審議は，児童福祉法に基づいて設置される児童福祉審議会が行う。児童福祉審議会は「児童，妊産婦および知的障害者の福祉に関する事項を調査審議」する機関であり，都道府県（政令指定都市，中核市）に設置が義務づけられている。ただし，地方社会福祉審議会のなかに児童福祉部会などを設けている場合，設置する必要はない。その他の市町村については任意設置である。

　子ども・子育て会議については，子ども・子育て支援法で，地方自治体に設置の努力義務が規定されている。これにより，ほとんどの地方自治体が条例で会議（地方版子ども・子育て会議）を設置し，子ども・子育て支援事業計画（市町村）や子ども・子育て支援事業支援計画（都道府県）を策定している。

代表的な子ども家庭福祉の実施機関

(1)児童相談所

　児童相談所は都道府県，政令指定都市，児童相談所設置市[1]に設置され，①子どもに関するさまざまな問題について家庭その他からの相談，②子どもおよびその家庭について，必要な調査，医学的・心理学的・教育学的・社会学的および精神保健上の判定，③子どもおよびその保護者について，調査または判定に

基づいて必要な指導，④一時保護，を行っている。2022年4月現在で，全国に230か所設置されている。

　児童相談所には，所長および所員（児童福祉司，心理判定員など）がおかれ，図に示すような流れで，業務を遂行している（図5-1）。児童相談所における相談件数は，一時期減少傾向にあったが，ここ10年間くらいの間は変動しつつも，全体としては上昇傾向にあり，年間50万件を越える相談件数となっている。相談内容では，療育手帳の交付事務などにより，知的・精神障がい相談が多いが，子どもの虐待などの問題があり，一時期減少傾向にあった養護相談が，虐待相談の増加により，近年は急増している（図5-2）。

(2)保健所・市町村保健センター

　保健所は，地域保健法にもとづき，都道府県，政令指定都市，中核市などが設置する。児童福祉法に規定する保健所の業務は，①子どもの保健についての正しい衛生知識の普及，②子どもの健康相談，健康診査，保健指導，③身体に障がいのある子どもおよび疾病により長期にわたり療養を必要とする子どもの療育指導，④児童福祉施設に対する栄養の改善その他保健に関する必要な助言，をおこなうことである。保健所はかつては800近くあったが，市町村への業務移管により，現在では470にまで減少している（2019年4月）。

　市町村保健センターは，地域保健法で，市町村に設置が認められているものである。設置は任意であるが，2018年4月現在，2,456設置されており，ほぼすべての市町村にあるといってよい。市町村保健センターでは，住民に対し，健康相談，保健指導および健康診査などを行っている。子ども家庭福祉に関連する業務としては，予防接種，母子保健法に基づく乳幼児健康診査をおこなっているところが多い。また，市の設置する保健センターの場合，福祉事務所と一本化して，保健福祉センターや福祉健康センターなどの名称にしているところも増えつつある。

(3)福祉事務所

　福祉事務所は，社会福祉法に規定される福祉に関する事務所の通称で，都道府県および市が義務設置で，町村は任意設置である。福祉事務所は主に生活保

図5-1　児童相談所における相談援助活動の体系・展開

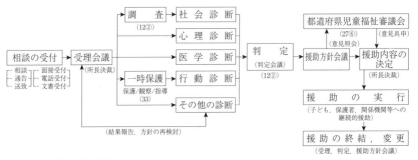

注：（　）の数字は児童福祉法の条文。
出所：厚生労働省「児童相談所の運営指針について」（http://www.mhlw.go.jp/bunya/kodomo/dv-soudanjo-kai-zuhyou.html）。

図5-2　児童相談所における相談種類別相談受付件数

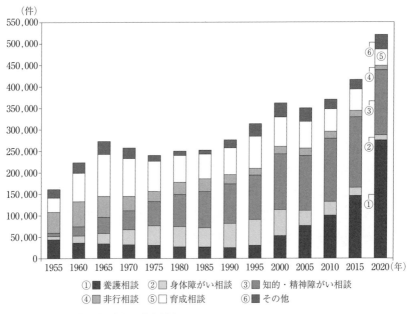

出所：厚生労働省「福祉行政報告例（各年版）」。

護に関する業務を担っているが，子ども家庭福祉についてはひとり親家庭福祉に関する業務など，子どもに関連する業務も多く担っている。2005年，児童福祉法の改正により，市町村が子ども家庭福祉相談の第一義的窓口になったが，市の場合，これを福祉事務所で担当していることが多く，虐待相談など，子ども家庭福祉相談の窓口としての充実が図られている。2021年4月現在の設置数は，1,250（都道府県205，市区999，町村46）である。

　福祉事務所では，社会福祉主事が主に相談活動にあたる。福祉事務所の多くには，家庭児童相談室が設置されており（任意設置），児童相談所などと連携しながら，地域の親子の相談にあたっている。家庭児童相談室の相談員は家庭相談員と呼ばれる。家庭児童相談室の業務は，多様である。ただし，子ども家庭福祉相談の第一義的窓口が市町村となったことにより，その固有性は従来に比べ低くなってきているが，家庭児童相談室設置の有無にかかわらず，市町村の子ども家庭福祉相談件数は非常に多くなっている。

⑷家庭裁判所

　家庭裁判所は，裁判所法に基づき設置される裁判所の一つであり，2021年4月現在，50か所設置されている。家庭裁判所では，①子どもの虐待や養子縁組など，家庭に関する事件の審判および調停（家事事件），②少年保護事件の審判（少年事件），などの業務を行っている。子ども家庭福祉に関連の深い業務としては，犯罪少年などの通告先，保護者が施設措置を同意しない場合の審判，親権喪失の宣告，親権の一時停止，後見人の選任・解任に関する手続き，養子縁組・特別養子縁組などがある。家庭裁判所では，裁判官，家庭裁判所調査官，調停委員などが働いている。

3　子ども家庭福祉の財政

子ども家庭福祉の財源

　子ども家庭福祉が目指している子どもの健全な発育や成長は，児童福祉法にも定められているように社会全体の責任である。したがって，そのための費用

は、保護者負担のみならず、制度によって、税金、事業主負担、保険料など、さまざまに組み合わせてまかなわれる。

社会保障・税一体改革の一環として改正された消費税法による消費税増税分の多くは、社会保障財源に充てられることになっている。子ども家庭福祉サービスについては、子ども・子育て支援制度に7,000億円が投入された。

子ども家庭福祉費の構成

国家予算としての子ども家庭福祉に関する費用は、大きく、①地方交付税交付金によるものと、②国庫補助金等によるもの、の2つに分けることができる。前者には、児童相談所の運営費、公営保育所の運営費、障がい児保育の事業費、児童厚生施設の整備費など、後者には、補助金、負担金、利子補助金などがある。国庫補助金等は、特定の目的のために予算化されているもので、目的の達成のために効果的に使われなければならない。

子ども家庭福祉サービスの運営費

子ども家庭福祉費のなかでも、児童手当、児童扶養手当、児童福祉施設の運営費は大きな割合を占める。児童福祉施設の運営費負担金は、施設の制度体系によって、児童保護費等負担金、子ども・子育て支援交付金、障害児施設給付費などに分かれる。

児童保護費等負担金は、子ども家庭福祉施設（乳児院、児童養護施設、児童心理治療施設など）や里親などに措置された場合の養育を保障する費用で、一般に措置費と呼ばれる。措置費は、大きく事務費（職員の人件費や施設の管理費など）と事業費（子どもの生活にかかる費用）からなる。

子ども・子育て支援交付金は、子ども・子育て支援制度に基づく事業に対して、市町村に交付されるもので、図5-3のような構成になっている。公立保育所や公立幼稚園については、事業体系としては、子ども・子育て支援制度に含まれるが、財源は地方交付税交付金のなかに含まれており、一般財源のなかから支出される。

図 5 - 3　子ども・子育て支援制度に基づく給付の構造

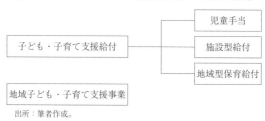

出所：筆者作成。

　障害児施設給付費は，障害児入所施設および児童発達支援センターへの運営費の負担である。障害児入所施設利用にかかる費用（契約入所の場合）については，かつては，行政から施設に給付される仕組みであったが，障害者自立支援法（現，障害者の日常生活及び社会生活を総合的に支援するための法律：通称，障害者総合支援法）の成立に伴い，利用者（保護者）に施設支援費として給付されている。

利用者負担

　社会福祉サービスの利用者負担には，受けたサービスの内容によって費用の一部を定額負担する方式（応益負担）と，所得に応じて負担する方式（応能負担）の大きく 2 通りがある。

　子ども家庭福祉サービスの場合，応益負担方式をとっているものは非常に少ない。関連サービスとしては，私学助成で運営される私立幼稚園の保育料や医療保険サービスがこのような方式をとっている。ただし，子ども・子育て支援制度による施設型給付の利用や私学助成幼稚園等の 3 歳以上児については，現在，利用料は徴収されていない。医療保険の場合，窓口負担は応益であるが，保険料は応能となっている。

4　子ども家庭福祉施策の体系と類型

子ども家庭福祉施策の体系

　子ども家庭福祉サービスには，母子保健，就学前保育・教育，地域子育て支援，子どもの健全育成，社会的養護，非行，心理的支援の必要な子どもの自立支援を図る要保護児童施策，障がい児福祉，ひとり親家庭福祉など，さまざまな内容がある。サービスによって，利用できる年齢が異なっていたり，主たる利用年齢層が決まっていたりするものもある。年齢別の子ども家庭福祉施策の代表的な体系例が**図 5 - 4**である。

子ども家庭福祉施策の機能類型

　子ども家庭福祉施策は，その機能によって，大きく 3 つに分けることができる。ただし，一つの施策が一つの類型にのみ分類できるわけではなく，施策によっては複数の内容をもつものもある。

　相談情報提供サービスには，児童相談所，児童家庭支援センター，地域子育て支援拠点事業などがある。

　金銭給付（現金給付）には，児童手当，児童扶養手当，特別児童扶養手当などがある。

　現物給付は，施設サービス，物品給付，役務サービス，医療サービスの大きく 4 つに分けることができる。施設サービスには，保育所，児童養護施設などの子ども家庭福祉施設，物品給付には，障がい児を対象とした日常生活用具，補装具など，役務サービスには，母子家庭等日常生活支援，居宅訪問型保育サービスなどの居宅介護，医療サービスには，自立支援医療，（未熟児）養育医療などがある。

図5-4　年齢別でみた子ども家庭福祉施策の体系例

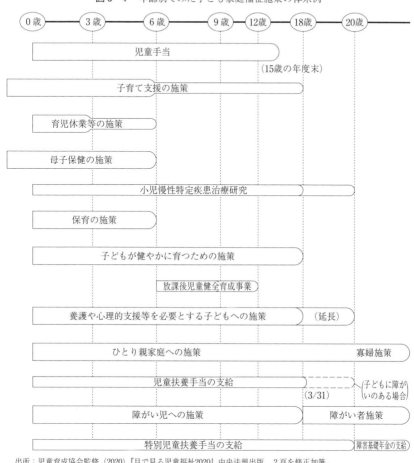

出所：児童育成協会監修（2020）『目で見る児童福祉2020』中央法規出版，2頁を修正加筆。

5　子ども家庭福祉施設

子ども家庭福祉施設の種類

(1)児童福祉法に規定される施設

子ども家庭福祉施設は，子どもやその保護者などに適切な環境を提供し，養

護，保護，訓練，育成さらには自立支援などのサービスを行うことを目的としている。児童福祉法では，助産施設，乳児院，母子生活支援施設，保育所，幼保連携型認定こども園，児童厚生施設（児童館，児童遊園），児童養護施設，障害児入所施設（福祉型障害児入所施設，医療型障害児入所施設），児童発達支援センター（福祉型児童発達支援センター，医療型児童発達支援センター），児童心理治療施設，児童自立支援施設および児童家庭支援センターの12種類を規定している。

(2)児童福祉法以外の施設

　児童福祉法以外の子ども家庭福祉関連法で規定される施設もある。母子及び父子並びに寡婦福祉法には，母子・父子福祉センターおよび母子・父子休養ホームの２つの施設，母子保健法には母子健康センター，売春防止法には婦人保護施設という施設が規定されている。配偶者からの暴力の防止及び被害者の保護等に関する法律（通称 DV 防止法）には，固有の施設は規定されていないが，必要に応じて，婦人保護施設や民間の施設において，被害者の保護ができることを規定している。

子ども家庭福祉施設のさまざまな類型

　子ども家庭福祉施設を設置目的によって類型化すると，社会的養護関係施設（保護，養護，自立支援などを行うことを目的とする施設），障がい児関係施設（障がい児に対して保護，療育，訓練，自活訓練などを行うことを目的とする施設），子ども育成関係施設（子どもの健全な育成を図ることを目的とする施設），保健関係施設の大きく４つに分けることができる。

　生活形態によって類型化すると，入所施設（24時間そこで生活するという形で利用する施設），通所施設（１日のうちの一定時間利用する施設で，各種の契約制度により利用者を制度的に把握できる施設），利用施設（１日のうちの一定時間利用する施設で，利用者を制度的には把握できない施設もしくは把握することを必要としない施設）の大きく３つに分けることができる。

　利用方式により類型化すると，措置施設，行政との契約による利用施設，直接契約による利用施設，利用契約を特に必要としない施設という４つの分け方

となる。

さらに，設置主体（公設または公立，民設または私立）および運営主体（公営，民営または私営）を絡めた類型化をすると，公設公営，公設民営，民設民営の3つの類型となる。理論上は，民設公営という類型も存在するが，現在このような類型の施設はない。

子ども家庭福祉施設の運営

児童福祉法に規定される子ども家庭福祉施設の運営は，児童福祉施設の設備及び運営に関する基準（以下，運営基準）という厚生労働省令をもとに，都道府県（政令指定都市，中核市の一部）が定める条例に基づいて行われる。運営基準には，配置される職員の一般要件，ケアの原則，施設長の義務，施設長のおこなう親権の濫用禁止などの共通原則，さらに，個々の施設について，職種別職員配置，職員の資格，設備などの基準，などが規定されている。

運営基準は，「児童福祉施設に入所している者が，明るくて，衛生的な環境において，素養があり，かつ，適切な訓練を受けた職員の指導により，心身ともに健やかにして，社会に適応するように育成されることを保障する」（第2条）ことを目的として設定されている。

また，国に対しては第1条第3項，条例の設置者に対しては第3条，当該施設に対しては第4条で，「最低基準を超えて，常に，その設備及び運営を向上させなければならない」とし，これを最高水準にして，甘んじてはならないことを明確にしている。

さらに，社会的養護関係施設については，たとえば，児童養護施設運営指針，乳児院運営指針などを定め，施設のあり方，養育のあり方などの指針を示している。なお，保育所には保育所保育指針，幼保連携型認定こども園には幼保連携型認定こども園教育・保育要領，幼稚園には幼稚園教育要領が示されている。

注
(1)　中核市等で，児童福祉法に基づき児童相談所を設置した市。設置すると，児

童相談所の業務を遂行することができる。

(2)　地方交付税交付金として地方に支出されたものの多くは，地方財政では一般財源として取り扱われる。そのため，その財源のなかから，地方自治体が再度予算化する必要があるため，国の基準額あるいは標準整備量とは異なることが多くなり，自治体間格差が生じることがある。

(3)　2011年以前は，児童福祉施設最低基準と呼ばれていた。運営に関する基準は，「従うべき基準」（国が示す基準を下回ってはならない基準），「参酌すべき基準」（国が示す基準を参考に，地域の事情や設置者の意向などで修正が可能な基準）の大きく 2 つの内容に整理できる。

第Ⅱ部

子ども家庭福祉の実際

第6章

子ども家庭福祉の援助

・・・

---

1 社会福祉の援助の基本と子ども家庭福祉の特性

社会福祉援助の基本的視点

(1)援助者の自己覚知

社会福祉援助の基本は，本人の生活のしづらさを，できるだけ本人の視点で，主体的に解決する環境を整えることにある。逆にいうと，一般社会の価値観や判断を基準にしてものごとを考え，善し悪しを決めたり，ましてや，援助者の判断や価値を押しつけたりすることではないということである。したがって，援助者には，本人がそれまで生活してきた経過，陰に陽に直面している問題，これから歩むであろう生活を理解し，相手の世界・文化のなかで考えることが求められる。

そのためには，援助者自身が，自分の偏り，こだわり，見逃しがちな視点などを十分に理解しておく必要がある。これを自己覚知という。しかしながら，援助者は常に完璧であることは困難である。問題に直面し，悩んだり，立ち往生したりすることもある。その際，一緒に考えてくれる先輩や仲間が必要となる。スーパーバイザー⁽¹⁾はその機能を担う。

(2)本人の意思を尊重しつつ，生活の全体を支えるという態度

社会福祉援助者には，医師や心理職のように，問題を直接的に解決したり，来談者に向き合ったりするのではなく，本人を生活者としてとらえ，本人の意思を尊重しつつ，その生活の全体に寄り添う，あるいは側面から支えるという態度が求められる。

　生活の全体を支えるためには，混乱のなかで，本人も見落としがちな状況まで含め冷静に分析すること，本人の意向や望ましいと考えている生活を確認し，協働しながら目標設定や行動計画をイメージすることなどが重要となる。解決の主体はあくまでも本人であり，援助者は自己決定をしやすいような環境設定をしたり，行動を支えたりする存在にすぎない。

(3)「今，ここから始まる」という認識

　生活は連続しているものである。このことは，過去に遡って問題の解決を図ったり，現状を大きく変えたりすることを前提にして援助を開始することはできないということを意味している。マイナスの修正を図るという視点の援助ではなく，今をゼロと受け止め，環境と本人の相互に働きかけることを通じて，状況の変化・改善や生活の適応力を高めていくという姿勢が重要である。

(4)本人・家族・環境のもつ強みの認識と活用

　人間は，生きていくなかで，さまざまな困難に出会う。援助は，このような困難の軽減，緩和を図りながら，本人の生活を作っていくために存在する。社会資源を利用することは重要であるが，これを援助者が強制するのではなく，まずは，本人の了解のもとに進める必要がある。

　さらに重要なのは，本人自身のもつ力・強みを強化し，これを活用するということである。これをストレングス視点という。強みには，本人の内的な力だけでなく，家族や取り巻く環境の力も含む。

(5)社会資源の活用と見守り体制の整備

　社会福祉援助は，社会生活において，社会制度との間で発生する問題を，本人の生活の全体を意識しながら，解決・緩和するものである。その際に，本人の側に働きかけたり，制度の側に働きかけたりしながら，両者の関係のバランスをとることになる。社会資源は，問題を生じさせている修正すべき社会制度であることもあれば，問題を生じさせている社会制度との関係を調整するために新たに投入される社会制度であることもある。

　社会資源には，法律等に基づく公的資源のみならず，企業・職場などの民間資源，地域・子育てサークル・セルフヘルプグループなどの市民資源，親族・

図6-1　社会福祉援助の基本プロセス

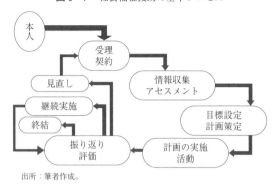

出所：筆者作成。

友人・知人などの私的資源も含まれる。援助者は，このような資源の活用，資源の力の強化，見守りのための資源の配置などを図りながらかかわる。

社会福祉援助の基本プロセス

社会福祉援助の基本プロセスは，図6-1に示す通りである。

まずは，本人（家族を含む）が，援助機関にやって来る。直接来所する場合もあれば，電話やメールなどを通じての場合もある。虐待等の場合には，第1段階では関係機関が持ち込むことが多く，本人が主体的に来ることは少ない。このような場合，援助者自ら，援助が必要と考えられる人に接近する（アウトリーチ）必要がある。いずれにしてもどこかの段階で本人に直接出会う必要がある。

この出会いは，援助関係が始まること（受理あるいは契約という）を意味している。契約は，相互の同意が原則であるが，必要な場合には，本人の同意なしに，援助機関が援助を職権として開始することもある。

子ども家庭福祉における援助の特性

子ども家庭福祉は社会福祉の一分野であり，問題理解や援助の枠組みも，基本的には社会福祉の援助の原則と同様である。しかしながら，子どもの特性あ

るいは子どもは親権のもとで生活しているという状況から，子ども家庭福祉に
固有の特徴も存在する。

(1)子どもという生活主体の特性からくる課題

　第3章で示した，成人と異なる子どもの特性は，大きく以下の3点にあった。

　第1は，子どもは，保護者，地域社会あるいは社会制度に育てられるという
受け身的な存在ということである。保護者や家庭のもつ意味は，とりわけ，子
どもが小さければ小さいほど大きく，常に主体として考えることが前提となる
成人の場合とは異なることになる。

　したがって，子どもに対する直接的な支援だけでなく，家庭（保護者）への
支援を通じて，間接的に子どもを支援するという考え方が，他の分野以上に重
要になる。一方，家庭（保護者）が適切に機能しなければ，子どもの成長にと
って，それはリスク要因とさえなる。

　第2は，子ども自身が成長していく存在であるということである。すなわち，
時間という軸が子ども家庭福祉においては重要な意味をもつ。実践的には分断
することはできないが，制度的には子どもと成人は明らかに分離されており，
問題の解決や緩和のために活用されるものは原則的には異なる。

　このような時間軸とのバランスは，成人ではあまり意識されない特徴である。
成人の場合，あくまでも主体性を認められた存在としてまず位置づけられ，本
人の主体性を支える援助が中心となる。一方，子どもの場合は，子どもの育ち
や主体性の獲得を支援していくと同時に，それを阻害されない環境を整備する
という視点が重要となる。

　第3は，子どもは親権のもとに服する存在ということである。親権は子ども
の社会生活において大きな意味をもつ。たとえば，未成年者は一部の例外を除
いて，社会的契約を結ぶことが困難である。この点は，非常に重要な意味をも
つので，次項で，もう少し詳しく検討する。

(2)人権・権利の主体と契約の主体の相違からくる課題

　近年では，子ども家庭福祉分野においても，契約という概念がより重視され
るようになっている。ソーシャルワーク的な意味合いでの契約はソーシャルワ

ーカーと子ども自身の間で結ぶことは可能であるが，法的な意味合いでの契約
は，ソーシャルワーカー（ソーシャルワーク機関）と子ども自身では結ぶことが
できず，あくまでも保護者（親権をおこなうもの）と結ぶことになる。したがっ
て，保護者の適切な判断が重要となる。虐待など，社会的にみて，不適切と考
えられる状況でさえ，親権に制限を加えることには困難を伴う。未成年後見人
の選任も成年後見人の選任ほど容易ではなく，保護者のもつ親権機能を，家庭
裁判所の審判を経て，少なくとも一時的に停止しなければ，選任はできない。

　両親等が婚姻関係にある場合には，夫婦共同親権となり，問題はさらに複雑
となる。すなわち，両親の意向が異なると，一方の意向のみで契約を結ぶこと
ができず，両親の意向の調整もソーシャルワーカーには求められることになる。
これは，子ども虐待にかかわるソーシャルワーク場面では，大きな壁として立
ちはだかることがある。

　人権・権利の視点からも，ソーシャルワークの視点からも，子どもは独立し
た固有の人格の主体としてみなされるべきことは自明であるが，実際の援助場
面では必ずしもこのように単純には整理できないということである。保護者や
家庭は，生活の単位であることを基本として，問題の発生を予防したり，解決
したりするだけでなく，問題を生じさせる場ともなり，問題を生じさせる要因
ともなる可能性がある。

　社会生活次元で個人（子ども）と家庭との関係をとらえると，①個人（子ど
も）を主体としてとらえ，家庭を客体としてとらえる社会関係（社会福祉の援助
の基本的視点）と，②個人（子ども）が所属する家庭を主体としてとらえ，他の
社会制度を客体としてとらえる社会関係，という2つの意味合いがあるという
ことである。すなわち，子ども家庭福祉の援助においては，子どもと向き合う
支援と家庭に向き合う支援という2つの軸があること，また，時にはそれが矛
盾した関係で存在するということである。

2　子ども家庭福祉を支える人々

　子ども家庭福祉の分野では，さまざまな人々が働いている。ここでは，代表的な職種等について，活動場所の特性により分類し紹介する。

子ども家庭福祉の公的専門機関で相談援助などにあたる人

(1)児童相談所の専門職

　児童相談所の専門職の代表的なものは，児童福祉司および児童心理司である。

　児童福祉司は，①子どもや保護者などからの相談に応ずること，②必要な調査，社会診断（社会調査）を行うこと，③子ども，保護者，関係者などに必要な指導を行うこと，などを職務とする。児童福祉司の任用要件は，①大学で心理学，教育学，社会学を専修する学科等を卒業したもので，1年以上児童その他の者の福祉に関する相談に応じ，助言，指導その他の援助を行う業務に従事したもの，②社会福祉士，③社会福祉主事として2年以上児童福祉事業に従事したもの，などである。

　児童心理司は，①診断面接，心理検査，観察などによって心理診断（心理判定）を行うこと，②心理療法，カウンセリング，助言指導などを行うこと，などを職務とする。児童心理司の任用要件も，児童福祉司と同様，非常に緩やかであるが，実際には，大学院修了者，臨床心理士資格所持者など，高度の専門性を有すると考えられるものも多く採用されている。

(2)福祉事務所の専門職

　福祉事務所で相談援助にあたるものを社会福祉主事という。社会福祉主事は，都道府県，市および福祉事務所を設置する町村におかれるが，福祉事務所を設置しない町村もおくことができる。市町村の福祉事務所に設置される社会福祉主事の業務は，子ども家庭福祉相談の第一義的窓口が市町村になったこともあり，非常に広範になっている。ただし，子ども家庭福祉相談の担当者は社会福祉主事を任用要件としておらず，保育士や保健師などが担当している場合も少

なくない。

社会福祉主事の任用要件は，満18歳以上のものであって，①大学などにおいて厚生労働大臣の指定する社会福祉に関する科目を修めて卒業したもの（保育士資格をとると，これに該当する場合がほとんどである），②厚生労働大臣の指定する養成機関または講習会の課程を修了したもの，③これらと同等以上の能力を有すると認められるものとして厚生労働省令で定めるもの，などである。

社会福祉主事もまた任用資格であり，資格要件が緩やかで，かつ市による採用が多いため，一般行政職として採用される場合が多く，専門職として採用する自治体は児童福祉司以上に少ない。

(3)家庭児童相談室の専門職

福祉事務所の多くには，家庭児童相談室が設置されている。ここには，子ども家庭福祉の業務に従事する社会福祉主事および相談指導業務に従事する職員が配置される。

家庭児童相談室において相談指導業務に従事する職員を，一般に，家庭相談員という。家庭相談員は原則として非常勤職員であり，任用要件は，①大学などにおいて，児童福祉，社会福祉，児童学，心理学，教育学，社会学などを専修する学科等を修了したもの，②社会福祉主事として2年以上児童福祉事業に従事したもの，などである。

(4)その他の専門職

前記以外にも，公的機関で相談援助にあたる専門職がある。以下，代表的なものについて，簡単に紹介する。

母子・父子自立支援員は，母子及び父子並びに寡婦福祉法に規定されるもので，多くの場合，福祉事務所に，原則として非常勤で配置される。かつては母子相談員や母子自立支援員と呼ばれていたものである。主な業務は，①相談，情報提供，指導，②職業能力の向上，求職活動の支援，である。

婦人相談員は，売春防止法に規定される専門職である。都道府県は婦人相談所に，福祉事務所を設置する市町村は福祉事務所に配置されることが多い。婦人相談員の業務は，要保護女子の発見，相談，必要な指導，DV問題に関する

表6-1　子ども家庭福祉施設に配置される主な職種

施設名	職　種
助産施設	医師，看護師，助産師（第2種助産施設の場合）
乳児院	医師（嘱託医可），看護師（乳幼児10人未満の乳児院には最低2人以上，10人以上の場合，おおむね10人増すごとに最低1人以上追加，残りは保育士または児童指導員で代替可能），個別対応職員，家庭支援専門相談員他 心理療法担当職員は，心理療法が必要な乳幼児（保護者を含む）10人以上の場合配置
母子生活支援施設	母子支援員，嘱託医，少年を指導する職員（少年指導員）他 心理療法担当職員は，心理療法が必要な母子10人以上の場合配置
保育所	保育士，嘱託医，調理員
幼保連携型認定こども園	主幹保育教諭，指導保育教諭または保育教諭，調理員他 （以下，努力義務）副園長または教頭，主幹養護教諭，養護教諭他
児童厚生施設	児童の遊びを指導する者
児童養護施設	児童指導員，嘱託医，保育士，個別対応職員，家庭支援専門相談員他 乳児が入所している場合，看護師 心理療法担当職員は，心理療法が必要な児童10人以上の場合配置
福祉型障害児入所施設	①主たる対象が知的障がい児・盲ろうあ児の場合 　嘱託医，児童指導員，保育士，児童発達支援管理責任者他 ②主たる対象が自閉症児の場合 　①に加え，医師，看護職員 ③主たる対象が肢体不自由児の場合 　①に加え，看護職員 　心理指導担当職員は，心理指導が必要な児童5人以上の場合配置。職業指導をおこなう場合，職業指導員を配置
医療型障害児入所施設	①主たる対象が自閉症児の場合 　病院として必要な職員，児童指導員，保育士，児童発達支援管理責任者 ②主たる対象が肢体不自由児の場合 　①に加え，理学療法士または作業療法士 ③主たる対象が重症心身障がい児の場合 　②に加え，心理指導担当職員
福祉型児童発達支援センター	①主たる対象が難聴児・重症心身障がい児以外の障がい児の場合 　嘱託医，児童指導員，保育士，児童発達支援管理責任者他 　機能訓練をおこなう場合，機能訓練担当職員 ②主たる対象が難聴児の場合 　①に加え，言語聴覚士 ③主たる対象が重症心身障がい児の場合 　①に加え，看護職員

施設名	職　種
医療型児童発達支援センター	医療法に規定する診療所として必要な職員のほか，児童指導員，保育士，看護師，理学療法士または作業療法士，児童発達支援管理責任者
児童心理治療施設	医師，心理療法担当職員，児童指導員，保育士，看護師，個別対応職員，家庭支援専門相談員他
児童自立支援施設	児童自立支援専門員，児童生活支援員，精神科の診療に相当の経験を有する医師（嘱託医可），個別対応職員，家庭支援専門相談員他 心理療法担当職員は，心理療法が必要な児童10人以上の場合配置 実習設備を設けて職業指導をおこなう場合，職業指導員
児童家庭支援センター	支援担当職員

出所：「児童福祉施設の設備及び運営に関する基準」をもとに筆者作成。

相談指導などである。

　家庭裁判所調査官は，家庭裁判所において，社会学，心理学，教育学などの専門知識を活用して，調査や援助にあたる専門職である。非行や問題行動など少年事件についてのみならず，離婚や養子縁組など家事事件においても調査・報告等を行うもので，とりわけ，児童相談所との関係は重要である。

　法務教官は，少年鑑別所や少年院に従事する専門職である。職務内容は，非行少年に対し，社会不適応を起こした原因を排除し，心身ともに健全な少年として社会復帰させるため，専門的知識に基づき，矯正教育や相談助言などを行うことにある。法務教官は国家公務員であり，短大および高専卒業程度の学歴が必要である。

子ども家庭福祉施設で子どもや家族のケアや援助にあたる人

　子ども家庭福祉施設に配置される職員は，表6‐1に示すとおり，施設によって多様である。ここでは，社会福祉職としての専門性の高い職種についていくつか解説する。

　(1)保　育　士

　保育士は児童福祉法に規定される専門職で，「子どもの保育と保護者の保育に関する指導」を業務とする。資格は保育士養成校としての指定を受けた学校

等で所定の単位を修得して取得する方法と，保育士試験を受験し取得する方法の2通りがある。2015年度から，実技試験（保育実習実技）を柔軟にした地域限定保育士制度が始まり，2016年度から本格実施となった。地域限定保育士は資格を取った都道府県内で，3年間保育士として勤務すると，通常の保育士として全国で働くことができる。

　保育士は児童福祉施設に働く職員の大多数を占め，かつそのほとんどが保育所に勤務している。配属される施設によって職務内容は若干異なるが，直接子どもの日常生活の世話や指導を行うことが多い。多くの施設の職員配置では，保育士と児童指導員との区別はあまり明確でなく，「保育士，児童指導員を通じて○○名」という表現がとられている。

　　(2)保育教諭

　保育教諭は，幼保連携型認定こども園制度の実施により新たに制度化された教職免許である。保育士資格と幼稚園教諭免許の両方をもつことを原則とするが，当面の間，特例として一方だけでも配属可能である。また，この間は，相互に資格・免許を取りやすくしてある。0歳児の担当も含め，幼保連携型認定こども園で子どもの教育・保育にあたるものはすべて保育教諭と呼ばれる。

　　(3)児童指導員

　児童指導員は，児童福祉施設の設備及び運営に関する基準に基づく任用資格である。児童指導員は，ほとんどの子ども家庭福祉施設におかれ，子どもの指導や，家族と地域との調整などにあたる。保育士との職務の違いは，実践上は明確ではないが，対外的な仕事，総括的な仕事，管理的な仕事などを分担することが多い。

　　(4)そ　の　他

　児童福祉施設の設備及び運営に関する基準では，先出の**表6-1**に示すように，施設固有の専門職も位置づけている。このうち，保育士も任用要件の一つとなっている専門職には，母子支援員（母子生活支援施設），児童の遊びを指導する者（児童厚生施設に配置され，児童厚生員と呼ばれることもある），児童生活支援員（児童自立支援施設）などがある。

一方，児童指導員に準ずるものとしては，児童自立支援専門員（児童自立支援施設）がある。

地域の子ども家庭福祉事業で支援にたずさわる人

(1)地域子ども・子育て支援事業などにたずさわる人

地域子ども・子育て支援事業とは，子ども・子育て支援法に基づいて，市町村が実施する事業である。この事業において活動するもの（子育て支援員など）に対して，事業の質を担保するために研修制度が設けられている。

子育て支援員に関する研修は，地域保育コース（小規模保育事業，家庭的保育事業，事業所内保育事業，一時預かり事業，子育て援助活動支援事業），地域子育て支援コース（利用者支援事業，地域子育て支援拠点事業），放課後児童コース（放課後児童クラブ補助員），社会的養護コース（乳児院・児童養護施設などの補助的職員）の大きく4つに分かれている。研修は，都道府県や市町村が主体となって行われる。

(2)地域で公的な事業にたずさわる住民活動

職業としてではなく，ボランティア活動などとして，子ども家庭福祉に取り組む住民もいる。たとえば，民生委員・児童委員，保護司，少年補導員などである。なお，活動に対しては，活動費の支払いなどがある場合もある。

民生委員は，民生委員法に基づき各市町村におかれる民間人で，児童福祉法による児童委員を兼ねている。任期は3年で，厚生労働大臣の委嘱を受けて活動する。1994年からは主任児童委員が新設されている。主任児童委員も民生委員であるが，原則として，児童委員としての活動に専念し，通常の民生委員としての個別活動などは行わない。

保護司は，保護司法に基づき，「犯罪をした者及び非行のある少年の改善更生を助けるとともに，犯罪の予防を図るための啓発」などの活動を行う民間人である。任期は2年で，法務大臣（地方更生保護委員会の委員長に委任可）の委嘱を受けて活動する。

少年補導員は，少年補導員制度運営要綱により設置されるもので，警察署長

の推薦により警察本部長が委嘱する民間人である。少年補導委員，少年指導委員，少年警察協助員などと呼ばれる地域もある。

3　子ども家庭福祉を支える人々に求められる倫理

倫理綱領とは何か

　倫理綱領は，専門職としての社会的責任，職業倫理を行動規範として成文化したものであり，多くの専門職団体が倫理綱領を作成している。職業社会学では，専門職の要件の一つともされている。医師，弁護士，看護師などの専門職団体は，古くから倫理綱領を設けている。社会福祉士，介護福祉士，保育士などの社会福祉にかかわる専門職団体も，現在ではすべて倫理綱領を設けている（資料6-1）。

　資料6-1　日本社会福祉士会・日本ソーシャルワーカー協会・日本精神保健福祉士協会
　　　　　共通の倫理綱領の構成

原理 　人間の尊厳　人権　社会正義　集団的責任　多様性の尊重　全人的存在 倫理基準 　Ⅰ．クライエントに対する倫理責任 　　クライエントとの関係　クライエントの利益の最優先　受容　説明責任 　　クライエントの自己決定の尊重　参加の促進　プライバシーの尊重と秘密の保持 　　記録の開示　差別や虐待の禁止　権利擁護　情報処理技術の適切な使用 　Ⅱ．組織・職場に対する倫理責任 　　最良の実践を行う責務　同僚などへの敬意　倫理綱領の理解の促進 　　倫理的実践の推進　組織内アドボカシーの促進　組織改革 　Ⅲ．社会に対する倫理責任 　　ソーシャル・インクルージョン　社会への働きかけ　グローバル社会への働きかけ 　Ⅳ．専門職としての倫理責任 　　専門性の向上　専門職の啓発　信用失墜行為の禁止　社会的信用の保持 　　専門職の擁護　教育・訓練・管理における責務　調査・研究

　倫理綱領に記載されている内容で，特に社会的に重要なものについては，法律にも明記され，内容によっては罰則や罰金などが定められている。社会福祉士，介護福祉士，保育士などの社会福祉の分野では，信用失墜行為，守秘義務（秘密保持）違反，名称独占違反などがこれにあたる。内容によって異なるが，

一年以下の懲役や30万円以下の罰金などの規定がある。

保育士の倫理綱領

　保育士については，全国保育士会が2003年に，前文と8項目からなる倫理綱領を策定している（**資料6‐2**，次頁）。前項で記載したように，倫理綱領は専門職の社会的責任を示すものであり，これに抵触する行為は，専門職の価値を低めるだけでなく，社会的信頼を損なうことになる。保育士となるものは，このことを自覚し，倫理綱領を常に意識しておく必要がある。

注
(1)　スーパービジョンを行う人。スーパービジョンを受ける人はスーパーバイジー。スーパービジョンは，支持的機能，教育的機能，管理的機能を果たす。

資料6‐2　全国保育士会倫理綱領

　すべての子どもは，豊かな愛情のなかで心身ともに健やかに育てられ，自ら伸びていく無限の可能性を持っています。
　私たちは，子どもが現在（いま）を幸せに生活し，未来（あす）を生きる力を育てる保育の仕事に誇りと責任をもって，自らの人間性と専門性の向上に努め，一人ひとりの子どもを心から尊重し，次のことを行います。
　私たちは，子どもの育ちを支えます。
　私たちは，保護者の子育てを支えます。
　私たちは，子どもと子育てにやさしい社会をつくります。

（子どもの最善の利益の尊重）
1．私たちは，一人ひとりの子どもの最善の利益を第一に考え，保育を通してその福祉を積極的に増進するよう努めます。
（子どもの発達保障）
2．私たちは，養護と教育が一体となった保育を通して，一人ひとりの子どもが心身ともに健康，安全で情緒の安定した生活ができる環境を用意し，生きる喜びと力を育むことを基本として，その健やかな育ちを支えます。
（保護者との協力）
3．私たちは，子どもと保護者のおかれた状況や意向を受けとめ，保護者とより良い協力関係を築きながら，子どもの育ちや子育てを支えます。
（プライバシーの保護）
4．私たちは，一人ひとりのプライバシーを保護するため，保育を通して知り得た個人の情報や秘密を守ります。
（チームワークと自己評価）
5．私たちは，職場におけるチームワークや，関係する他の専門機関との連携を大切にします。
　また，自らの行う保育について，常に子どもの視点に立って自己評価を行い，保育の質の向上を図ります。
（利用者の代弁）
6．私たちは，日々の保育や子育て支援の活動を通して子どものニーズを受けとめ，子どもの立場に立ってそれを代弁します。
　また，子育てをしているすべての保護者のニーズを受けとめ，それを代弁していくことも重要な役割と考え，行動します。
（地域の子育て支援）
7．私たちは，地域の人々や関係機関とともに子育てを支援し，そのネットワークにより，地域で子どもを育てる環境づくりに努めます。
（専門職としての責務）
8．私たちは，研修や自己研鑽を通して，常に自らの人間性と専門性の向上に努め，専門職としての責務を果たします。

第7章

母子保健・子どもの健全育成と子ども家庭福祉

● ● ●

1 母子保健と子ども家庭福祉

さまざまな指標でみる母子保健の現状

わが国の母子保健は，母性の尊重と保護，乳幼児の健康の保持増進および児童の健全な育成を基本理念として，児童福祉法の施行以来，年々その内容が充実してきている。とりわけ，1965年，それまで児童福祉法に規定する事業として位置づけられていた母子保健事業を，母子保健に特化した法律である母子保健法に位置づけて以降，めざましくその水準が向上してきた。

代表的な母子保健の指標である，乳児死亡率，新生児死亡率，周産期死亡率をみると（**表7-1**，次頁），1960年以降いずれも急激に低下し，妊娠から出産後の母と子の命が救われるようになっていることがわかる。

死産（妊娠満12週以降から出産時までの子どもの死亡数）率も，かなり低下している。このうち，半数以上が人工死産（胎児の母体内生存が確実なときに，人工的に死産に至る場合）である。

人工死産のうち妊娠22週以前に堕胎することを人工妊娠中絶（自然流産を含む）という。人工妊娠中絶は，母体保護法で，「胎児が，母体外において，生命を保続することのできない時期に，人工的に，胎児及びその附属物を母体外に排出すること」と定義されている。「母体外において，生命を保続することのできない時期」については，1991年，それまでの妊娠満24週未満から，妊娠満22週未満に改められた。人工妊娠中絶率は，低下傾向にある。とりわけ「25～34歳」の10年間の低下が著しい。「20歳未満」のものの中絶率も近年はやや

表7-1　母子保健関係指標の推移

	乳児死亡率 (出生千対)	新生児死亡率 (出生千対)	周産期死亡率 (出産千対)	死産率 (出産千対)	人工死産率 (出産千対)
1950年	60.1	27.4	—	84.9	43.2
1960	30.7	17.0	—	100.4	48.1
1970	13.1	8.7	—	65.3	24.7
1980	7.5	4.9	20.2	46.8	18.0
1990	4.6	2.6	11.1	42.3	23.9
2000	3.2	1.8	5.8	31.2	18.1
2010	2.3	1.1	4.2	24.2	13.0
2020	1.8	0.8	3.2	20.1	10.6
2021	1.7	0.8	3.4	19.7	9.9

出所：厚生労働省「人口動態調査（各年版）」をもとに筆者作成。

低下傾向にあるとはいうものの長期的視点でみると上昇している。

母子保健の目的と推進体制

　母子保健は，母性と子どもの健康の保持，増進を図ることを目的としている。母子保健法では，法の目的，母性の尊重や保護の必要性，子どもの健康保持および増進の意義などについて，総則で示すとともに，国や地方公共団体に対しては，母性や乳幼児の健康の保持および増進の努力義務を課している。

　子どもや家庭を取り巻く環境が大きく変化するなかで，母子保健施策の対象や目的も大きく変化している。乳児死亡率や周産期死亡率などが高かった時期には，死亡率の低下を目指した，医療，栄養，保健などを中心に対応が図られていた。しかしながら，今日では，生活習慣等の変化や体重増加の忌避傾向による低出生体重児（2,500g未満）の発生，障がいのある子どもの子育て，子育て不安や子ども虐待，思春期に起こるさまざまな問題など，保健，医療という枠組みだけでは解決しがたい問題も増えてきている。

　母子保健法制定当時は，母子保健事業の多くは，都道府県や政令指定都市を中心に展開されることとなっていた。ところが，地域保健対策強化のための関係法律の整備に関する法律が1994年に公布され，住民に身近で頻度の高い保健サービスについては，市町村において一元的，かつ，きめ細かな対応を図るこ

とになった。これに伴い，1997年から，母子保健事業や児童福祉法に基づく事業の一部が，市町村に移管された。

　このようなさまざまな母子保健の推進体制の整備により，日本の母子保健の水準は大きく向上した。これをさらに強化するため，1997年の母子保健法の改正に合わせ，効果的な母子保健対策の推進を図るための市町村計画（母子保健計画）の策定を求めることとなった。母子保健計画は，法定計画ではないが，次世代育成支援対策推進法の制定により，2005年度からは，次世代育成支援市町村行動計画に組み込まれるなど，事実上，法定計画に相当する位置付けを与えられている。

　さらに，2000年，国は，「健やか親子21」を発表した。これは，21世紀の母子保健の取り組みの方向性と指標や目標を示したものであり，関係機関・団体が一体となって，その達成に取り組む国民運動計画（2001～2010年）として位置づけられた。「健やか親子21」は，5年間の延長期間を経て，2015年から「健やか親子21（第2次）」として，さらに10年間の推進期間に入った。

母子保健施策のあゆみ

　1942年，現在の母子健康手帳の前身にあたる妊産婦手帳制度が発足した。同時に，子ども向けには，乳幼児体力手帳制度も始まった。妊産婦手帳および乳幼児体力手帳制度は，児童福祉法の制定（1947年）により，母子手帳として引き継がれた。当時の児童福祉法には，妊娠の届出，乳幼児健康診査，保健指導なども規定されていた。

　児童福祉法から母子保健施策が独立していくのは，1965年の母子保健法の制定による。ここでは，母子手帳が名称を変え，現在の母子健康手帳となった。

　母体の保護については，国民優生法（1940年）に端を発し，戦後は，優生保護法（1948年）のもとに推進されていた。しかしながら，この法律は，その名称にあるように，優生学的思想に基づいており，その目的には，「優生上の見地から不良な子孫の出生を防止する」ことが掲げられていた。この規定が廃止されるのは，1996年の母体保護法の成立時になる。

主な母子保健施策

　母子保健施策は，(1)健康診査等，(2)保健指導等，(3)療養援護等，(4)医療対策等，の大きく4つの領域で進められている。以下，その内容を簡単に紹介しておく。

(1)健康診査等

　現在，母子保健施策として実施されている健康診査には，妊婦健康診査，乳幼児健康診査，先天性代謝異常等検査などがある。

　このうち代表的な健康診査は，妊婦健康診査と乳幼児健康診査である。妊婦健康診査は，市町村が実施する妊婦を対象とした健康診査で，妊娠中に14回程度，指定された診査項目について，公費で実施される。乳幼児健康診査も市町村が実施するもので，母子保健法では，1歳6か月～2歳時期，3歳～4歳時期の2回実施することを義務づけている。これに加え，多くの市町村では，乳児期に1～2回程度健康診査を実施している。

(2)保健指導等

　保健指導の施策としては，妊娠の届出，母子健康手帳の交付，訪問指導，相談指導事業などがある。

　妊娠の届出は，母子保健法に基づき，妊娠したものに課せられている努力義務である。届出先は市町村で，届出をしたものに対して母子健康手帳が交付される。低出生体重児（2,500グラム未満）が出生した場合には，都道府県（保健所を設置している市に居住している場合は市）に届け出なければならない。

　訪問指導には，妊産婦訪問指導，新生児訪問指導，未熟児訪問指導，乳児家庭全戸訪問事業（こんにちは赤ちゃん事業），養育支援訪問事業などが，相談指導事業には，母子保健相談指導事業，生涯を通じた女性の健康支援事業，乳幼児発達相談指導事業などがある。

(3)療養援護等

　療養援護の施策としては，養育医療，小児慢性特定疾病医療費助成制度などがある。

　養育医療は，母子保健法に基づき，入院を必要とする未熟児（出生時の体重

が2,000グラム以下のもの，または，生活力が特に弱く，重症の黄疸や体温が34度以下など）に対し，養育に必要な医療の給付を行うものである。実施主体は市町村で，該当者は，所得に応じて費用の一部を負担する。

　小児慢性特定疾病医療費助成制度は，悪性新生物，慢性心疾患，先天性代謝異常，膠原病，糖尿病など，16疾患群（762疾病）にあるものに対する医療費支援制度で，該当者は，所得に応じて費用の一部を負担する（2021年11月時点）。原則として18歳未満が対象であるが，20歳まで延長されるものもある。実施主体は，都道府県，政令指定都市，中核市である。

(4)医療対策等

　医療対策としては，不妊への対応，周産期から出産にかけての医療体制の整備，出産後の医療体制の整備などが行われている。

　不妊治療には，医療保険が適用されない。それを補完する制度として，特定不妊治療費助成制度が設けられている。この制度は，高額な医療費を要する配偶者間の特定不妊治療（体外受精や顕微授精）受療者を対象にし，治療開始日の妻の年齢が43歳未満の夫婦（事実婚含む）を対象に，1回30万円助成される。助成回数は，初回治療開始日の妻の年齢が40歳未満であれば，子ども一人につき6回まで（40歳以上43歳未満は3回）である。

母子保健施策の課題

　母子保健の分野で，近年大きな課題となっているもの，あるいは今後ますます重要度が増すと考えられる施策について，大きく3点指摘しておく。

　第1は，保健と福祉が連携した，親子の関係づくりの支援である。孤立した子育てや，とりわけ母親に集中的にあらわれる育児不安などは，出産後から始まるのではなく，プレママ（妊娠）期から始まっていることが次第に明らかとなっている。子ども・子育て支援制度では，利用者支援事業の一類型として，母子保健型が位置づけられた。子育て世代包括支援センターとの一体的な運営も可能なこの事業は，相談，助言，機関連携などに留まらず，必要な場合には個別支援計画の策定まで意図するものであり，期待が高い。

　第2は，思春期の子どもたちを対象とした，メンタルヘルスの視点からの支援である。母子保健施策は，思春期問題も視野に入れた施策であるが，現実には乳幼児期や障がいのある子どもを中心としたものとなっており，思春期問題については必ずしも十分な施策が存在しない。とりわけ自殺（自死）は，10代から30代まで死因の第一位となっており，いじめ，SNSなど学校内の問題や友人関係の葛藤などを含め，母子保健施策がどのように対応していくのか，今後の大きな課題の一つとなる。

　第3は，食生活の問題である。2005年，食育基本法が制定された。この法律は，生涯にわたる食生活の重要性をうたうものであるが，とりわけ子ども期の食生活の意義について，明確に位置づけている。一方，思春期における拒食や過食など，心身に重要な影響を及ぼす状況に陥っている子どももおり，基本としての食育と，個別支援としての食管理の複層的な施策が必要となっている。

2　子どもの健全育成と子ども家庭福祉

子どもの健全育成の目的

　すべての子どもたちの健やかな成長と発達を支援することは，子ども家庭福祉の最も基本的な理念である。要養護児童施策，保育施策，障がい児福祉施策など，すべての施策は，この理念の具体化を図るものであり，子どもの健全育成（以下，健全育成）を目的としない子ども家庭福祉施策は存在しないといってもよい。

　しかしながら，子ども家庭福祉施策の分野としての健全育成施策という場合には，このような広義の意味合いではなく，児童館や児童遊園など，特別な支援を必要としない，一般の子どもたちに対する施策をさす。

　このような意味での健全育成施策の目的は，①身体の健康増進を図る，②心の健康増進を図る，③社会的適応能力を高める，④情操を豊かにするなど，子どもたち一人ひとりの個性と発達に応じて積極的に増進していくこと，などにある。

子どもの健全育成施策のあゆみ

　第4章で示したように，児童福祉法は，戦後の混乱状況を意識し，当初，特定の子どもを対象とした児童保護法として検討されていたものである。すべての子どもを対象とする法律にする際に，クローズアップされた施策が，健全育成施策である。とりわけ，保育所と児童館（児童厚生施設）が保護的施策でないものとして注目されたようである。⁽²⁾

　(1)児童館のあゆみ

　保育所の展開は第9章で解説するので，ここでは児童館のあゆみを設置数を中心に解説する。日本における児童館的な活動は，セルメント活動の拠点にその原型をみることができる。児童福祉法により子ども家庭福祉施設として位置づけられて以降は，子どもを主体とする，地域における遊びや仲間活動の拠点として，活動を展開してきた。現在では，放課後児童健全育成事業（活動単位は放課後児童クラブという）や地域子育て支援拠点事業の拠点としての機能も果たすようになっている。

　児童館は，2020年現在で全国に4,398施設あり，子ども家庭福祉施設（4万5,722施設）では保育所（2万2,704施設）に次いで多い。保育所数は今でも増え続けているが，児童館については，2005年の4,716施設をピークに減少しつつある（図7-1，次頁）。民営児童館は今でも少しずつ増えているものの，公営の児童館の減少が著しく，全体としては減少傾向となっている。なお，民営の増加の多くは，公営児童館からの移管と考えられる。

　(2)放課後対策のあゆみ

　児童館が拠点として担うこともある放課後児童健全育成事業（全体の1割強が，児童館を拠点とする）も，健全育成事業の重要な柱となっている。制度としての子どもの放課後対策は，初期「鍵っ子対策」や「留守家庭児童対策」などと呼ばれ，小学校低学年で，保護者が就労しており，放課後の過ごし方に課題がある子どもへの対応ということで，文部省（現，文部科学省）が所管していた時代もあった。その後，所管が厚生省（現，厚生労働省）となり，1998年からは，児童福祉事業として児童福祉法に位置づけられるとともに，社会福祉事業法

図7-1　公民別児童館数の推移

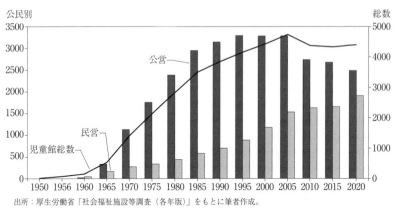

出所：厚生労働省「社会福祉施設等調査（各年版）」をもとに筆者作成。

（現，社会福祉法）において，第2種社会福祉事業と定められた。放課後児童健全育成事業は，放課後児童クラブ（一般には，学童保育といわれることが多い）を核にした総合的な事業である。

　放課後問題は，学校における課題でもある。地域のなかでさまざまな事件などが発生し，少なくとも保護者にとって，公園は安全・安心な遊び場ではなくなった。このような状況を受け，文部科学省では2004〜2006年度までの緊急3か年計画として，地域子ども教室推進事業を実施した。具体的には，地域の大人の協力を得て，学校等を活用し，緊急かつ計画的に子どもたちの活動拠点（居場所）を確保し，放課後や週末等における様々な体験活動や地域住民との交流活動等を支援するものである。この事業を受け継いだのが，放課後子供教室推進事業である。

　以上のような経過で，小学生の放課後対策は就学前の施策同様，二元化体制となった。表7-2は，放課後児童クラブと放課後子供教室の関係を整理したものである。

　保育の必要性を基準とするこの二元化体制は，事業管理者や保護者の一部にとっては意味があるが，少なくとも午前中をともに過ごした子どもたちにとっては，理解しがたい部分も存在する。ましてや，両者が学校という同じ敷地の

表7‐2　放課後児童クラブと放課後子供教室の相違

	放課後児童クラブ	放課後子供教室
趣　旨	授業の終了後等に小学校の余裕教室や児童館等を利用して適切な遊び及び生活の場を与えて，その健全な育成を図る。	安全・安心な子どもの活動拠点を設け，地域住民の参画を得て，勉強やスポーツ・文化活動，地域交流活動などを通じて，子どもが地域社会のなかで，心豊かに育まれる環境づくりを支援。
対　象	保護者が労働等により昼間家庭にいない小学生。特別支援学校の小学部の児童も加えることができる。	すべての子ども（小学生）。
根　拠	児童福祉法第6条の3第2項。	学校・家庭・地域連携協力推進事業費補助金（文部科学大臣裁定）。
スタッフ	放課後児童支援員，子育て支援員（放課後児童クラブ補助員）。	安全管理員，学習指導アドバイザー。
実施数*	2万6,925（2021年5月）	1万8,031（2020年度）
主な拠点	小学校内（余裕教室，専用施設）5割強，公的施設1割台半ば，児童館1割弱。	小学校7割強，公民館1割台半ば，児童館2％。

注：＊内数として，両者を一体的に運営するものが5,885か所ある。
出所：関連通知をもとに筆者作成。

なかで生活するとなると，分断された体制には不自由さを感じる場合もある。このような状況を受け，また放課後対策のさらなる充実を目指し，文部科学省，厚生労働省が連携して事業を推進するため，2007年，放課後子どもプランが発表された。さらに，その後の状況を踏まえ，2014年には放課後子ども総合プランへと改められた。

主な健全育成施策

今日制度化されている主な健全育成施策は，活動拠点の整備，児童文化財の普及，放課後児童健全育成事業，児童手当などである。

(1)活動拠点の整備

健全育成にかかわる拠点としては，児童厚生施設である児童館および児童遊園の整備が代表的である。児童館は，規模および機能から，①小型児童館，②

児童センター，③大型児童館，④その他の児童館，の大きく４つに分けることができる。1990年代に入り，保育所等を活用した「児童福祉施設併設型民間児童館事業」や「民間コミュニティ児童館整備事業」など，さまざまな子育て支援事業が展開されている。

　児童遊園は，子どもの健康増進や，情緒を豊かにすることを目的とし，安全かつ健全な遊び場所を提供する屋外型の子ども家庭福祉施設である。遊具が置かれたまちなかの小さな公園といったイメージが一般的な児童遊園であるが，宿泊設備などを整えた，郊外の大型児童遊園もある。2020年10月現在，2,173施設あり，児童福祉施設のなかでは，児童館に次いで多いが，近年は著しく減少している。

(2)児童文化財の普及

　人格形成時期に，適切な出版物，舞台芸術，映像メディアなどに直接触れることは，子どもの創造性などを高めるために重要である。社会保障審議会の福祉文化分科会では，このような優れた児童福祉文化財の推薦を行っている。

(3)放課後児童健全育成事業

　放課後児童健全育成事業は，放課後児童健全育成事業，放課後子ども環境整備事業，放課後児童クラブ支援事業など９事業の総称であると同時に，その一事業の名称である。後者の意味での事業は，放課後児童クラブと呼ばれる。2020年７月現在，全国に約２万625か所の拠点があり，約131万人の子どもが登録している。就学前の保育の必要な子どもの増加の影響もあり，事業所数も施設数も大幅に増えている。また，対象を小学校低学年から小学生全体に拡充したこと，さらに，子ども・子育て支援法で，地域子ども・子育て支援事業の一つに位置づけられたこともあり，当面は拡充の方向にあると予想される。

　放課後児童クラブについては，社会的必要性が高まったこともあり，運営指針の策定や放課後児童支援員の専門性の向上など，質の充実や社会的責任の明確化に向けた取り組みが進んでいる。

(4)児童手当

　児童手当は，児童手当法に基づく制度で，「保護者が子育てについての第一

表7-3　児童手当制度の概要（2022年度）

支給対象者 ＊所得制限あり	日本国内に住む（留学中は該当）15歳に到達してから最初の3月31日までのものを現に養育するもの。住民票登録があれば，国籍は問わない。施設入所児・里親委託児は施設長・里親。
支給額	【0歳～3歳未満の子ども】 　1人につき月額1万5,000円 【3歳以上～小学校6年生までの子ども】 　第1子・第2子：1人につき月額1万円 　第3子以降：1人につき月額1万5,000円 【中学生の子ども】 　1人につき月額1万円 ＊所得制限限度額を超過する場合には，別途特例給付が支給される場合がある。
財源負担	0～3歳未満の子どもの被用者については，事業主負担がある。 公務員は，所属庁が負担。それ以外は，国と地方が，原則として2対1で負担。

　義的責任を有するという基本的認識の下に，児童を養育している者に児童手当を支給することにより，家庭等における生活の安定に寄与するとともに，次代の社会を担う児童の健やかな成長に資すること」（児童手当法第1条抜粋）を目的としている。

　児童手当制度は，1971年に法制化された当時は，多子手当とも呼ばれ，第3子以降を対象とする制度であったが，その後何度かの制度改正を経て，現在では第1子から支給対象となっている。現在の制度の概要は，**表7-3**の通りである。施設や里親等のもとで生活している子どもについては，原則として施設の設置者や里親等に支給される。

健全育成の課題

　特定の問題に焦点をあてた施策が中心的に推進されるなかで，すべての子どもを視野に入れた健全育成施策の拡充は遅れがちであった。しかしながら，著しい少子化の進行と，子育て・子育ち問題の普遍化に伴い，母子保健および保育施策という主として乳幼児期を中心とした施策だけでなく，その連続線上で，健全育成施策の必要性への認識が高まりつつある。そのなかでも，とりわけ拡

充が求められる施策について，3点，課題として指摘しておく。

　第1は，児童厚生施設に代表される地域拠点の整備である。とりわけ，都市部においては，安全に遊ぶことのできる空間が減少しており，子どもの基礎的な心身の能力の形成が阻害されていると考えられる。しかしながら，これまで示してきたように，児童厚生施設は，児童館，児童遊園ともに減少傾向にある。ただし，民間の児童館については増加傾向にあり，民間の力を活用した，午前中の時間帯を利用した乳幼児期の子育て支援，低所得家庭の子どもの学力支援など，新たな役割が期待される。

　第2は，放課後児童クラブの充実である。保育ニーズの増加とともに，放課後児童クラブのニーズも急速に高まっている。それに合わせた事業整備も進んでいるが，ニーズを充足するまでには至っていない。これを放課後児童クラブとして単独で充実するのか，すべての子どもを対象にした放課後の子どもの生活支援という視点で拡充させるのかは，大きな課題である。

　第3は，健全育成を支援する地域資源の再編成とネットワーク化である。都市化や個人志向のなかで，地域の機能は弱体化したといわれる。子ども会や母親クラブの活動の衰退はその一つの側面であるが，一方で，退職者で地域活動に興味をもつ人の増加などもあり，このような人材を活用した活動も考えることができる。伝統的な組織に活性化しにくい理由があるとするなら，子育てサークル，子育てネットワーク，スポーツクラブ，ボランティアグループなどの新しい組織を活用した地域づくりも考えられる。仕組みやきっかけづくりとしての「公」の役割と，実際にそれを運営・展開していく「民」の活動とのつなぎが，健全育成という視点からも必要である。

注
(1)　生殖管理により，よりよい人材を社会に残すという考え方。そのために，産児制限，人種改良，遺伝子操作などの手段がおこなわれることがあった。また，「劣性」なる存在は，排除されることにつながっていた。
(2)　松崎芳伸（1997）「日本の将来を託す子どもたちの健やかな成長を願う」『こども未来』1月号。

第8章

地域子育て支援と子ども家庭福祉

• • • •

1 地域子育て支援の位置づけ

利用者に対する支援と地域の子育て支援

　子育て支援とは，文字通り「子育てをしているもの」，多くの場合は親に代表される保護者に対する支援ということである。むろん，支援の実践過程においては，子ども自身の育ちの支援や，家庭全体を育てる主体ととらえ，子育て家庭への支援という意味をもたせることはある。このような意味での子育て支援には，大きく 2 つの内容が含まれる。第 1 は，保育所，認定こども園，幼稚園，児童養護施設など，拠点型の固有の福祉サービスを継続的に利用している保護者に対する支援いわゆる利用者支援，第 2 は，特定の拠点を継続的には利用していない保護者に対する支援いわゆる地域子育て支援である。保育所保育指針では，第 4 章でそれらを以下のように明確に示している。

１．保育所における子育て支援に関する基本的事項
２．保育所を利用している保護者に対する子育て支援
３．地域の保護者等に対する子育て支援

　本章ではこのうち，地域子育て支援を中心に学習する。
　ちなみに，幼保連携型認定こども園教育・保育要領でも「第 4 章子育ての支援」に，保育所保育指針とほぼ同様の記載がある。幼稚園教育要領においては，地域子育て支援については，「第 3 章指導計画及び教育課程に係る教育時間の終了後等に行う教育活動などの留意事項」の「第 2　教育課程に係る教育時間

表8-1　就学前の子どもの居場所

(%)

	保育所等	幼稚園	幼保連携型認定こども園	それ以外	計
就学前全体	37.0	19.7	11.9	31.4	100.0
3歳未満児	31.2	0.0	6.7	62.1	100.0

出所：厚生労働省（2021）社会的養育専門委員会提出資料をもとに筆者作成。

の終了後等に行う教育活動などの留意事項」の第2項でわずかに触れられているにすぎない。

地域子育て支援における対象としての子ども

　本章では，原則として，日常的には拠点に属していない子どもを養育する保護者に対する支援を地域子育て支援と位置づける。そうすると，小学生はこのような意味での地域子育て支援の対象ではなくなるが，放課後については，放課後児童クラブに属していない場合，対象となることになる。これについては，子どもの育ちの支援と位置づけ，第7章の健全育成施策ですでに解説した。

　以上のような結果，本章で取り扱う対象は，主として就学前の子どもとその保護者で，日常的には，子どもが保育所，幼稚園，認定こども園に属していないものということになる。

　このような子どもたちがどれくらい存在するかを示したのが，表8-1である。この表に示す「それ以外」には，認可外の保育施設や障がい児福祉施設なども含まれるが，そのほとんどは家庭と考えられる。すなわち，就学前の子どもたちの3割強，3歳未満児では6割強が，日中は保護者が直接養育しているということである。さらにこの多くが母親と考えられ，このような親子を家庭の中に閉じ込めず，地域社会との協働のなかで考えていくというのが，地域子育て支援ということになる。

3つの主たる拠点と子育て支援

　保育所，幼稚園，認定こども園という，就学前の子どもの社会的養育の場に

表 8-2　保育所・幼稚園・認定こども園における地域子育て支援規定等

保育所 （児童福祉法第48 条の4第1項）	保育所は，（中略），乳児，幼児等の保育に関する相談に応じ，及び助言を行うよう地域の住民に対して，努めなければならない。
幼稚園 （学校教育法第24 条）	幼稚園においては，（中略），幼児期の教育に関する各般の問題につき，保護者及び地域住民その他の関係者からの相談に応じ，必要な情報の提供及び助言を行うなど，家庭及び地域における幼児期の教育の支援に努めるものとする。
認定こども園 （認定子ども園法 第3条第2項第3 号）	子育て支援事業のうち，当該施設の所在する地域における教育及び保育に対する需要に照らし当該地域において実施することが必要と認められるものを，保護者の要請に応じ適切に提供し得る体制の下で行うこと。

表 8-3　保育士・幼稚園教諭・保育教諭の業務規定

保育士の業務 （児童福祉法第18 条の4）	この法律で，保育士とは，（中略），保育士の名称を用いて，専門的知識及び技術をもつて，児童の保育及び児童の保護者に対する保育に関する指導を行うことを業とする者をいう。
幼稚園教諭の業務 （学校教育法第27 条第9項）	教諭は，幼児の保育をつかさどる。
保育教諭の業務 （認定こども園法 第14条第10項）	保育教諭は，園児の教育及び保育をつかさどる。

おける地域子育て支援については，それぞれ法律で子育て支援についての規定がある（表8-2）。この表に示すように，このうち認定こども園については類型を問わず義務，保育所および幼稚園については努力義務と解される規定となっている。

　子どもの養育に直接関わる職員については，保育士には保護者支援に関する[(1)]規定はあるが，幼稚園教諭や保育教諭については法律上の具体的規定はない（表8-3）。

　なお，地域子育て支援は，3つの主たる拠点のみで展開されるものではない。子育てサークルなど保護者自らの主体的活動，子育て支援サークルなど住民主体の福祉活動，さらには社会福祉協議会や（主任）児童委員・民生委員など，

多様な供給主体によって創意工夫しながら展開すべきものである。

2　地域子育て支援の考え方

地域子育て支援が求められている理由

　地域子育て支援が求められている理由は，大きく3つ考えられる。

　第1は，養育をしている保護者から，支援の必要性を訴える声が聞こえてきたことによる。一方，家庭の子育て機能が，量的にも質的にも弱まってきているという声もよく聞かれる。その背景には，①子育てを身近に見たり，経験したりする機会が減少したことによって，子どもが育つということの実感がなくなってきていること，②SNSなどで保健知識や子育て情報が届けられることにより，主体的な判断ができにくくなっていること，③子育てをサポートする資源やサービスが増え，従来のやり方では対応が困難になっていること，④多様な生き方をすることが尊重される社会となり，子育て以外の生活が重視されるようになっていること，などがあると推察される。

　第2は，家庭を支えていた地域の子育て力が低下してきたことによる。地域は，子どもの「第二次社会化の場」といわれることがある（9頁参照）。地域は家族自体を育みつつ，子どもの社会化にかかわってきた。一方，「地域社会の崩壊」あるいは「地域社会の再生」という言葉があるように，機能的意味・お付き合いという意味の地域・コミュニティの危うさが指摘されている。地域社会の機能の一つであった子育ての支え合いも当然弱まっているということであり，その再生に向けての取り組みが社会的に行われている。地域子育て支援には，その代替的機能も求められている。

　第3は，前節で示した，就学前，とりわけ3歳未満児における在宅子育て層の多さである。これは，保護者あるいはそれに代わる人が，日中家庭におり，自分たちで養育できる（あるいは自分たちですべきである）という認識のもと，固有の公的支援がほとんどなかったということを意味する。

地域子育て支援の意義

少子化対策としての子育て支援施策ではなく，親子の育ちを支えるという意味での地域子育て支援の意義は，大きく 3 点ある。

第 1 は，現に家族が抱えている問題に現実的に対処することで，問題の軽減や緩和を図ることができるということである。社会福祉の援助原理の一つは，「今，目の前にある問題」に現実的に対処することである。地域子育て支援においてもこのことが求められる。

第 2 は，親子がひとり立ちしていく過程で出会う，さまざまな問題への対処能力を身につけていくことができるということである。子育て家庭への援助は永遠に継続できるわけではない。あくまでも，親子がひとり立ちしていくための力を身につけていく過程にかかわるということである。

第 3 は，家族と地域や社会資源を結びつけることによって，地域の一員としての家族を再認識させ，地域作りそのものに貢献できるということである。ソーシャルワークの援助技術の一つであるコミュニティワークの視点がここでは必要となる。

地域子育て支援のあゆみ

地域子育て支援は，在宅子育て層に届く公的施策が少なかったこともあり，子育てサークルなどの母親自身の相互支援活動として芽生えた。このような活動は，親自身あるいは親同士が地域社会に目を向ける契機となり，「支援される側」から「支援する側」へと，エンパワメントされていくことにもつながっていった。

公的施策としての萌芽は，保育所機能強化推進費（1987年）が予算計上され，園庭開放などの取り組みが始まったことなどにみられる。その後，この一部が，地域子育て支援センター（1995年）の取り組みにつながり，1997年の児童福祉法改正では，保育所に子育て支援の努力義務規定が設けられることになった。さらに，保育士の国家資格化と子育て支援業務の規定（2001年），子育て支援事業の法定化と第 2 種社会福祉事業化（2003年）など，子育て支援に関する法整

備や制度拡充が図られた。

　地域子育て支援センターは，初期にはその多くが保育所に併設されていたが，量的拡充の期待のなかで，専門職の配置を前提としない「つどいの広場事業」が開始され（2002年），NPO法人など，住民主体型の運営主体による事業へと広がっていく。さらに，2017年には，両者が地域子育て支援拠点事業として再編されるとともに，児童館を活用した取り組みも新たに始まった。同年には，学校教育法が改正され，幼稚園にも，子育て支援が努力義務として位置づけられた。

　2012年の子ども・子育て支援法の成立は，さらなる発展の機会となった。ここでは，後述する利用者支援事業の実施が市町村の責務となり，地域子育て支援拠点事業も新たなスタートをきることとなった。

地域子育て支援のターゲット

　地域子育て支援のターゲットは，大きく以下の4つと考えられる（図8-1）。

　第1は，もっとも早くから意識されていたと考えられる子ども自身の成長・発達の支援，すなわち子育ちの支援である。子ども自身は本来自ら育つ存在であるし，年齢とともに主体的な意思を有する存在である。子どもの権利条約は，子ども自身が権利の主体であることを明らかにしたが，地域子育て支援はこれに共通するものがある。

　第2は，親になるため，あるいは一人の社会人としての生活の支援，すなわち親育ちの支援である。ここでは，親の就労など「保育が必要である」と制度的に認定されているもののみならず，一時保育，育児リフレッシュなど，心身ともに親の生活を豊かにするサービス，あるいは経験を共有し合う仲間づくりが課題となる。また，虐待の発生予防，早期発見，深刻化の予防など，社会的養護問題との関連も意識する必要がある。

　図8-1に示すように，ここでは，子育ての主体としての親，家族の構成員としての役割，一人の人間としての社会的存在という3つの視点を視野に入れた関わりや取り組みが必要である。

図8-1　地域子育て支援のターゲット

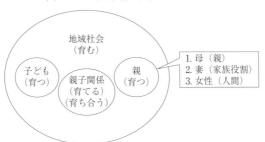

注：「母」は「母親がすべき」という意味ではなく，「母親が多く担っている」という意味。
出所：筆者作成。

　第3は，親子関係の支援，すなわち子育て・親育てである。親子の信頼および愛着関係の基礎形成が不安定ななかで，親としての成熟度はますます低下し，「親になりきれていない親」が，より多く出現することになる。虐待や放任という例外的と考えられていた状況が，一般の親のすぐそばにまで忍び寄っているということであり，子育てをする親を「育てる」という視点が必要となる。これは，第2のターゲットとして示した「親」のパートへの関わりということもできる。

　第4は，これらの3つが存在する家庭および地域社会，すなわち育む環境の育成である。子どもの育ちにおいては，第一次社会化の場としての家庭，第二次社会化の場としての地域社会，第三次社会化の場としての専門資源（保育所，幼稚園，認定こども園，学校など），が重要であるといわれる。育む環境の育成とは，そのような社会化の場を形成・育成し，適切な関係を構築することを意味する。

地域子育て支援の技術と支援者の役割

　地域子育て支援は，3歳未満児の親子への支援が中心となる。これは，図8-1の枠組みにしたがうと，子どもに直接向かう活動以上に，「親力」の向上など，親を通じて子どもに向かう活動や，一人の人間としての親を支援する活動

表 8‑4　地域子育て支援従事者に求められる役割

① 直接事業実施者	・保育・保護者指導 ・個別問題解決　他
② コミュニティワーカー	・地域問題解決 ・保護者の仲間作りとネットワーク ・子ども支援資源のネットワーク ・地域全体のネットワーク　他
③ 間接事業実施者	・事業者探し ・ボランティア発掘 ・環境整備 ・事務管理　他
④ マネージャ	・事業企画 ・事業進行管理 ・事業評価　他

出所：筆者作成。

が多くなることを意味する。

　子育て支援活動は，子どもの育ちへの支援あるいは寄り添いであることは間違いない。しかしながら，地域子育て支援においては，それ以上に親としての育ち，あるいは親を一人の人間とみなし，その生活や人生の全体を視野に入れつつ社会生活の基礎を作るという視点が必要となる。

　具体的な手法としては，すでに示しているように，親子関係の支援や地域づくりにおいては，狭義の保育・教育技術を超えた関わりが必要である。子ども・子育て支援法では，利用者支援に代表される地域子ども・子育て支援事業が法定化された。制度の検討過程では，これが，子育て支援コーディネート等として議論された。子育て支援コーディネートでは，大きく 2 つの内容が課題となる。

　第 1 は，個別家庭の困りごとへの対応（利用者支援）である。これには，問題対応の動機付け（ワーカビリティ），アセスメント，情報提供，サービス利用調整などが必要となる。

　第 2 は，行政機関，制度化された資源，地域の民間資源などとのネットワークづくり（地域支援）である。必要な資源がなければ，既存の制度を工夫して

活用したり，社会的に提案したりするということも含まれる。

　これらを踏まえて，地域子育て支援に関わる者に求められる役割を整理すると，**表8-4**に示す，直接事業実施者，コミュニティワーカー，間接事業実施者，マネージャといった大きく4つになる。

3　代表的な地域子育て支援施策

　代表的な地域子育て支援施策として，ここでは，利用者支援事業，地域子育て支援拠点事業，一時預かり事業，子育て援助活動支援事業，乳児家庭全戸訪問事業，居宅訪問型保育事業，の6つを取り上げる。

利用者支援事業

　子ども・子育て支援法では，市町村の責務の一つとして，「子ども及びその保護者が，確実に子ども・子育て支援給付を受け，及び地域子ども・子育て支援事業その他の子ども・子育て支援を円滑に利用するために必要な援助を行うとともに，関係機関との連絡調整その他の便宜の提供を行うこと」（第3条第1項第2号）と規定している。利用者支援事業はこれを実体化するものであり，地域子ども・子育て支援事業の筆頭に位置付けられている。実施主体は市町村であるが，適切な事業者に委託することができる。

　事業の実施にあたっては，①利用者主体の支援，②包括的な支援，③個別的なニーズに合わせた支援，④子どもの育ちを見通した継続的な支援，⑤早期の予防的支援，⑥地域ぐるみの支援，という6つの視点が求められている。これを担うのが利用者支援専門員である。

　事業内容は，①利用者支援（相談，情報の収集・提供，助言・利用支援），②地域連携（関係機関などとの連絡・調整，連携，協働の体制づくり，地域の子育て支援資源の育成，地域課題の発見・共有，社会資源の開発など），③広報，の大きく3つである。

　事業には，実施する事業の内容により基本型，特定型，母子保健型の3類型

図8-2　利用者支援事業（母子保健型）の概要

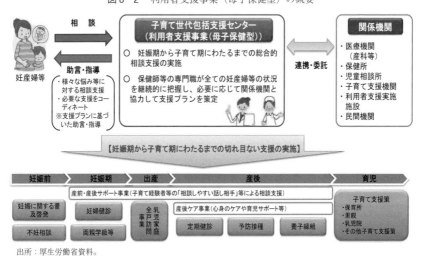

出所：厚生労働省資料。

がある。母子保健型は，妊娠期から子育て期にわたるまでのさまざまなニーズに対して総合的に相談支援を提供するワンストップ拠点（子育て世代包括支援センター）をめざすものである（図8-2）。保健師等の専門職がすべての妊産婦などの状況を継続的に把握し，必要に応じて関係機関と協力して支援プランを策定することも想定されている。

地域子育て支援拠点事業

地域子育て支援拠点事業は，前節「地域子育て支援のあゆみ」で紹介したように，枠組みを変化させつつ，発展してきた重要な事業である。この事業も，子ども・子育て支援法の，地域子ども・子育て支援事業の一つとして位置づけられている。実施主体は市町村であるが，適切な事業者に委託することができる。事業類型には一般型と連携型の2つがある。

事業内容は，いずれの類型にも求められる，①子育て親子の交流の場の提供と交流の促進，②子育て等に関する相談，援助の実施，③地域の子育て関連情報の提供，④子育て及び子育て支援に関する講習等の実施，の4つを基本事業

とし，一般型，連携型それぞれに必要な事業を求めている。

一時預かり事業

一時預かり事業は，保育所では一時保育，幼稚園では預かり保育と呼ばれることが多い。保育所の場合，対象が保育所を利用していない子どもであるが，幼稚園の場合は，利用者の通常の教育時間終了後の活動（延長保育的意味合い）や夏休みなどの長期休業中の活動を指す。

子ども・子育て支援制度では，従来の一時保育的な内容に加え，幼稚園型の一時預かり事業を制度化した。これは，施設型給付幼稚園や認定こども園が，通常の教育時間終了後におこなう活動を対象とするものである。私学助成で運営される幼稚園については，従来通り私学助成制度のなかで対応される。

子育て援助活動支援事業

子育て援助活動支援事業は，ファミリー・サポート・センター事業と呼ばれることが多い。乳幼児や小学生などの子どもを育てている労働者や女性などを会員として，子どもの預かりの援助を受けることを希望する者（利用会員）と，援助を行うことを希望する者（提供会員）との相互援助活動に関する連絡，調整を行うものである（図8‐3，次頁）。利用会員には利用料が，提供会員には提供料が発生する。この事業も，子ども・子育て支援法の，地域子ども・子育て支援事業の一つとして位置づけられている。実施主体は市町村であるが，適切な事業者に委託することができる。

具体的には，保育施設までの送迎，保育施設の開始前や終了後又は学校の放課後，保護者の病気や急用時，冠婚葬祭やきょうだいの学校行事，病児保育，早朝・夜間などの緊急時，などに利用されている。

乳児家庭全戸訪問事業

乳児家庭全戸訪問事業は，生後4か月までの乳児のいるすべての家庭を訪問し，様々な不安や悩みを聞いたり，子育て支援に関する情報提供などをするこ

図8-3　子育て援助活動支援事業の関係図

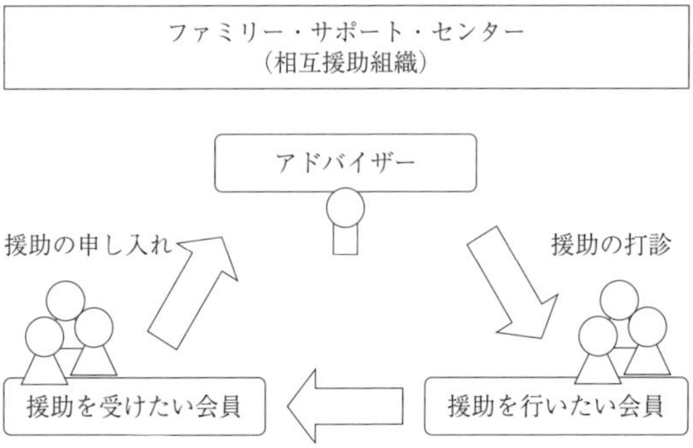

出所：厚生労働省 HP（http://www.mhlw.go.jp/bunya/koyoukintou/ikuji-kaigo01/）。

とを通じて，親子の心身の状況や養育環境などの把握や助言をおこなうものである。こんにちは赤ちゃん事業と呼ばれることもある。家庭と地域社会をつなぐ最初の機会とすることにより，乳児家庭の孤立化を防ぎ，乳児の健全な育成環境の確保を図ることを目的とする。この事業も，子ども・子育て支援法の，地域子ども・子育て支援事業の一つとして位置づけられている。実施主体は市町村であるが，適切な事業者に委託することができる。

　訪問スタッフには，愛育班員，母子保健推進員[2]，児童委員，子育て経験者などが想定されている。

居宅訪問型保育事業

　保育を必要とする乳幼児の居宅において，家庭的保育者による保育をおこなう事業で，子ども・子育て支援法の，地域子ども・子育て支援事業の一つとして位置づけられている。実施主体は市町村であるが，適切な事業者に委託することができる。ベビーシッターと呼ばれることもある。

　利用対象は，原則として3歳未満の保育を必要とする乳幼児であって，下記のいずれかに該当すると市町村長が認めたものである。

> ①　障害，疾病等の程度を勘案して集団保育が著しく困難であると認められる場合
>
> ②　保育所の閉鎖等により，保育所等による保育を利用できなくなった場合
>
> ③　入所勧奨等を行ってもなお保育所等の利用が困難であり，市町村による入所措置の対象となる場合
>
> ④　ひとり親家庭の保護者が夜間・深夜の勤務に従事する場合等，保育の必要の程度及び家庭等の状況を勘案し必要な場合
>
> ⑤　離島その他の地域であって，居宅訪問型保育事業以外の地域型保育事業の確保が困難である場合

4　地域子育て支援の課題

　地域子育て支援は，今，新しい段階を迎えようとしている。したがって，事業整備や活動展開上の課題も多くある。以下，代表的なものを3点だけあげておく。

　第1は，地域子育て支援の意義と必要性の社会的理解を高めることである。保育の必要な乳幼児の養育の社会的支援については社会的理解が進んでいるが，保護者が日中家庭で養育できるような環境にある場合の支援については，いまだ十分な理解が進んでいるとはいえない。このような場合，保護者，とりわけ母親による養育や責任が強調されがちであり，社会との協働による子育てという意識は，必ずしも高くない。

　第2は，市町村子ども・子育て支援事業計画の策定に際して，どれだけの事業種類と事業量を計画できるかである。認定こども園は，子育て支援の実施を義務づけられている施設ではあるが，量的整備は緒についたばかりであり，時間がかかる。そうすると，引き続き，保育所の果たす役割が大きいとはいうものの，保育所のみでこれを担いきることは困難である。幼稚園も主要な資源であるが，地域的に偏在していること，3歳以上の親子に強みをもつ資源であり，地域子育て支援の主たる対象とは異なることなどにより，やはり限界がある。したがって，市町村保健センターなどの公的資源，児童委員・主任児童委員，社会福祉協議会などの制度化された住民資源，NPO法人・NPO活動，子育て

サークルなどの住民主体の資源など，多様な主体がともに担うことが必要となる。

　第3は，地域基盤の子育て支援専門職の育成である。既述のように，親子関係の支援や地域づくりにおいては，コーディネート，ネットワーク，コミュニティワークなどの技術が必要である。保育士，幼稚園教諭，保健師などの専門職は，それぞれの専門技術に対する自信とこだわりがあるため，新しい技術の獲得には困難を伴う場合も少なくない。また，住民活動の場合，経験主義や主観主義に陥りがちである。子ども・子育て支援制度のもとで始められた子育て支援員の研修は，住民活動者の専門職化にも有効である。

注
(1)　ここでいう保護者支援は，保育士が勤務する施設を利用する子どもの保護者に対する支援だけでなく，地域の保護者に対する支援を含む。また，規定が「児童」となっているのは，保育士が勤務する場が乳幼児期を対象とする施設のみならず，児童養護施設など少なくとも18歳未満を対象とする施設も含むことによる。
(2)　愛育班活動をする人。愛育班活動とは，地域の人々すべてを対象にし，生活の中から健康問題を出し合い，解決しようとする住民活動。歴史は古く，昭和初期，母子保健を対象に始まったが，現在では活動対象を母子に限らず，住民一般の健康問題としている。

第9章

就学前の拠点型保育・教育と子ども家庭福祉

・・・

1 就学前の拠点型保育・教育の現状

保育所・幼稚園の施設数の動向

保育所および幼稚園は1985年頃までは施設数を増やしたが，その後幼稚園は減少し続けている（図9−1，次頁）。保育所も同時期に減少したが，2000年代に入ってからは，再度増加に転じた。この間幼稚園は，受け入れ年齢の低年齢化，保育時間の長時間化などの対応をしてきたが，これは，少子化と男女ともの就労状況の変化による保育ニーズの増加と関連しているものと考えられる。長く続いた保育所と幼稚園の二元化体制を維持することは，社会状況が変わらない限り厳しいことを意味している。

運営主体でみると，幼稚園は公民で施設数の変化に差はなく，全体状況と同様の変化をしている。保育所については，公営施設は全体としては減少傾向であるが，民営施設は2000年以降，急速に数を増やしている。公営施設の減少は，過疎地の子どもの減少による廃園あるいは統廃合と，都市部の待機児問題や市町村の財政問題からくる民営化による。一方，民営施設の増加は，待機児対策としての新設と，公営施設の民営化によると考えられる。

保育所・幼稚園の子ども数の動向

保育所および幼稚園の利用児数は，1980年頃までは増加傾向であったが，その後幼稚園は減少し続けている（図9−2，次頁）。この間，受け入れ年齢の低年齢化，保育時間の長時間化などの対応が図られたが，減少傾向が止まること

図9-1　設置主体別保育所・幼稚園・幼保連携型認定こども園の施設数の推移

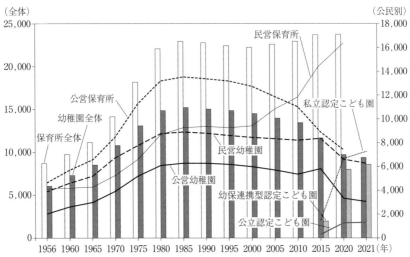

出所：厚生労働省「社会福祉施設等調査（各年版）」，文部科学省「学校基本調査（各年版）」をもとに筆者作成。

図9-2　設置主体別保育所・幼稚園・幼保連携型認定こども園の利用児数の推移

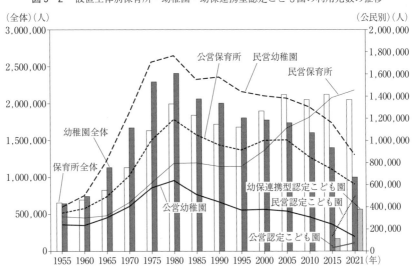

出所：図9-1と同じ。

はなかった。保育所も同じ時期に減少したが，1995年以降は，再度増加に転じた。ただし，幼保連携型認定こども園への移行が進み，施設数・子ども数ともに一時期ほどの伸びはない。

　運営主体でみると，幼稚園は公民で利用子ども数の変化に差はなく，全体状況と同様の変化をしている。保育所については，公営施設は全体としては減少傾向であるが，民営施設は1995年以降，急速に利用児数を増やし，2013年には民営幼稚園を上回り，就学前の子どもの最大の育ちの場となっている。

認定こども園の状況

　近年では，保育所と幼稚園との新たな関係を模索する取り組みが進んでいる。これは，総合施設というモデル事業を経て，2006年，認定こども園として制度化された。認定こども園は，保育機能，学校教育機能，子育て支援機能を必須機能とするもので，保育所としての認可，幼稚園としての認可の組み合わせで，幼保連携型，幼稚園型，保育所型，地方裁量型の4類型が認められた。これが，2015年4月から新たな時代を迎えることとなり，幼保連携型認定こども園が，保育所でも幼稚園でもない独立した施設として認められることになった。2021年4月時点の認定こども園の設置状況は，**表9-1**の通りである。

表9-1　認定こども園の設置状況（2021年4月1日）

	幼保連携型認定こども園	幼稚園型認定こども園	保育所型認定こども園	地方裁量型認定こども園	計
公立	858	88	377	2	1,325
私立	5,235	1,158	787	80	7,260
全体	6,093	1,246	1,164	82	8,585

出所：内閣府資料。

2　就学前の拠点型保育・教育のあゆみ

保育サービス発展の5段階

　保育サービスの中心的供給主体である保育所は，戦後，大きく5段階で事業を拡大してきた。

　第1期は，児童福祉法が制定された1947年から1960年前後までの時期で，主として低所得者対策あるいは戦後処理対策をおこなっていた。この期の初期は，民営保育所が中心であったが，後半になると公営保育所の設置が進む。

　第2期は，1975年前後までで，高度経済成長を支える活動をしていた。この時期には，保育所の新設ラッシュとなり，とりわけ公営保育所の拡充が進む。

　第3期は，1990年前後までで，就労の多様化に伴うニーズの多様化に対応し，保護者のニーズに合わせて，延長保育や乳児保育，その後は休日保育や病児保育など，現に保育所を利用している者に対する取り組みが拡充していった。就労を通じた女性の自立支援という側面も強くなる。これらを担うのは民営保育所で，公営保育所の新設はほとんどみられなくなる。

　第4期は，2005年前後までで，就労以外の社会参加を含む女性の自立支援や地域子育て支援，すなわち，保育所の利用者でない家庭と子どもへの支援が拡充する。一時保育，地域子育て支援センター，園庭開放，保育相談など，「保育に欠けない(1)」子どもを対象とした事業である。

　一方，保育ニーズはますます増大し，待機児童問題が顕在化した。待機児童ゼロ作戦（2001年）など，待機児童解消のためのプランも次々発表され，定員の弾力化，保育所分園の設置，民営保育所の新設が進む。公営保育所の新設はほぼみられなくなり，民営化によって運営主体の転換による待機児童対応が進んだ。

　第5期は，2005年前後から今日までで，都市部では待機児問題，地方では幼稚園の縮小，地域では子育て家庭の不安や子育て困難など，多くの場面で問題が噴出している時期である。幼保一体化，多様な子育て支援，待機児対策の展

図9-3　保育所・幼稚園の展開

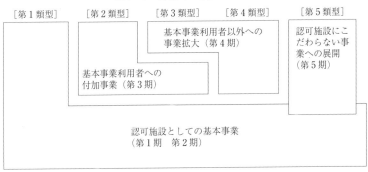

［第1類型］　　［第2類型］　　［第3類型］　　［第4類型］　　［第5類型］

基本事業利用者以外への
事業拡大（第4期）

認可施設にこ
だわらない事
業への展開
（第5期）

基本事業利用者への
付加事業（第3期）

認可施設としての基本事業
（第1期　第2期）

出所：筆者作成。

開などを視野に入れた，新しい子ども・子育て支援制度は，この期を代表する取り組みである。

　生活に密着した事業展開を旨とする保育所は，ほぼこのような時代展開をしているが，幼稚園については，理念を中心としたものであり，2000年頃までの変化はあまり急激ではなかった。ただし，少子化，就労化が避けられない状況となった第5期においての認識は進んでおり，幼保連携型認定こども園への移行は，保育所ほどではないとはいえ進みつつある。

拠点型保育サービスの5類型

　保育サービスの70年あまりの展開を踏まえると，今日の拠点型保育・教育施設には，5つの類型が考えられる（図9-3）。

　第1類型は，認可制度としての基本のみを展開している保育・教育施設である。このような事業運営でも，制度的には何も問題はないが，著しい少子化を前提に将来展望を考えた場合には，競争力が低下してくるものと考えられる。歴史的展開を重ねてみるならば，保育所や幼稚園の整備が進んだ，高度経済成長期の段階の頃に求められていたものとしか位置づけることができない。

　第2類型は，基本事業のうえに，延長保育，夜間保育，休日保育，預かり保育などのサービスを上乗せして展開している保育・教育施設である。女性の就

労の多様化に合わせて，就労支援に特化した道を歩んでいた時期の保育所の姿である。今日でもこのようなニーズは高く，民営保育所の多くは，市町村の一部誘導もあって，この類型にある。一方，都市部においては，少なくともこの類型が相当確保されないと，保育所運営主体の多様化，換言すれば認可外供給主体への移行が促進されることとなる。幼稚園においても，夏休みを含め，預かり保育は進んでいる。

　第3類型は，第2類型と後記の第4類型をいずれも実施するもので，乳幼児期の子どもおよび保護者のニーズのほとんどに対応する方向を意味する。歴史的展開をそのまま歩んできた保育所や幼稚園の場合，現在は，おおむねこのような形態となっているか，それを志向しているものが多い。

　第4類型は，基本事業のうえに，一時預かり，地域子育て支援拠点事業など，「保育を必要としない」子どもや保護者のニーズを対象とした事業を横出しして運営する形態であり，保育・教育施設を地域のすべての子どもたちに開放して運営しようとするものである。このなかでも，園庭開放，保育相談，一時預かり，地域子育て支援拠点事業などは地域からの期待も高い。歴史的には，第2類型ののちにでてきた運営形態であるが，類型としては，基本事業と直接組み合わせておこなうことも可能である。

　第5類型は，最も新しい類型で，保育所と幼稚園の垣根を越え，認定こども園として事業展開をするものである。とりわけ，幼保連携型認定こども園はそれが最も顕著な事業である。民営施設の場合，高齢者や障がい者の保健福祉サービス，社会教育関連事業など，関連分野への事業拡大もこの時期の特徴となる。一方，公営施設の場合，統廃合が一層進むとともに，民営化も積極的に進められる。また幼稚園の場合，今後の利用児数の減少を考えると，現状のままでは民営化自体が困難であり，統廃合あるいは保育所との統合による認定こども園化がさらに進むと考えられる。

子ども・子育て支援制度と拠点型保育・教育施設

2015年4月に本格実施となった子ども・子育て支援制度では，拠点型保育・

教育施設の基本事業の運営に関する費用は，施設型給付と地域型保育給付から支払われる（第5章参照）。施設型給付には，保育所，施設型給付幼稚園，認定こども園（4類型とも）が含まれる。私学助成で運営される幼稚園は，この枠組みには含まれない。地域型保育給付には，家庭的保育，小規模保育，事業所内保育，居宅訪問型保育の4つがある。給付の対象とならない施設を含めた，利用者からみた施設の全体像が**図9-4**（次頁）である。

　各拠点などが実施する子育て支援事業は，地域子ども・子育て支援事業から支出される。子ども・子育て支援法では，13の事業を示しているが（**資料9-1**，次頁），このうち拠点型保育・教育施設が併設事業を含め実施しやすいのは，延長保育事業，放課後児童健全育成事業，地域子育て支援拠点事業，一時預かり事業，病児保育事業である。

3　代表的な拠点型保育・教育施設

　代表的な拠点型保育・教育施設として，ここでは，保育所，認定こども園，幼稚園，地域型保育，認可外保育施設を紹介する。また，拠点を中心に展開される可能性が高い事業として，延長保育，病児保育，休日・夜間保育，障がい児保育についても簡単に触れる。

保　育　所

　保育所は，「保育を必要とする乳児・幼児を日々保護者の下から通わせて保育を行うことを目的とする施設（利用定員が20人以上であるものに限り，幼保連携型認定こども園を除く）とする。保育所は，前項の規定にかかわらず，特に必要があるときは，保育を必要とするその他の児童を日々保護者の下から通わせて保育することができる」と児童福祉法に規定されている施設である。乳幼児の利用がほとんどであるが，法律では「児童」全般を対象にすることができると規定されている。

　全国には3万9,000を超える保育所等（保育所，幼保連携型認定こども園，幼稚

図9-4　施設型給付の対象施設等

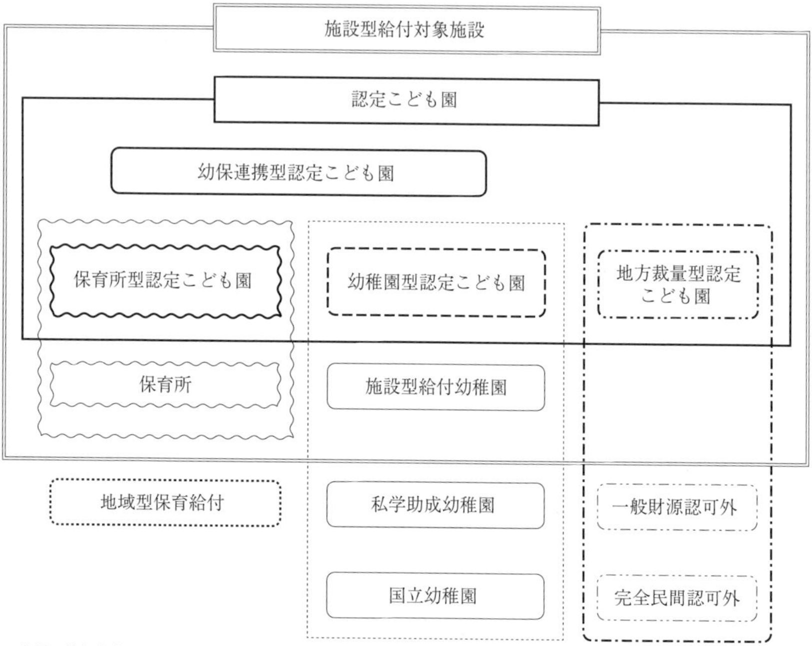

出所：筆者作成。

資料9-1　地域子ども・子育て支援事業

①利用者支援事業
②延長保育事業
③実費徴収に係る補足給付を行う事業
④多様な主体が本制度に参入することを促進するための事業
⑤放課後児童健全育成事業
⑥子育て短期支援事業
⑦乳児家庭全戸訪問事業
⑧養育支援訪問事業・要保護児童等に対する支援に資する事業
⑨地域子育て支援拠点事業
⑩一時預かり事業
⑪病児保育事業
⑫子育て援助活動支援事業（ファミリー・サポート・センター事業）
⑬妊婦健康診査
⑭子育て世帯訪問支援事業
⑮児童育成支援拠点事業
⑯親子関係形成支援事業

園型認定こども園，特定地域型保育事業）があり，約270万人の子どもが利用している（2020年10月現在）。社会福祉施設のなかでも最も施設数および利用者数が多い施設である。勤務している常勤換算保育士は約33万人，となる（2020年10月）。保育所は，時間帯は問わないが，1日11時間開所していることを原則とする。ただし，夜間保育所については，午前11時から午後10時までの11時間とされている。

　利用者は，市町村で「保育の必要性の認定」（要保育認定）を受け，保育標準時間利用（登園時間等を含め，最長1日11時間）または保育短時間利用（登園時間等を含め，最長1日8時間）が決定する。総時間は一緒であっても，保育所が設定している時間帯とずれている場合，その差は延長保育と認定される。

　運営経費は，公立保育所は一般財源の福祉部門，民営保育所は施設型給付で賄われる。

認定こども園

　認定こども園は，認定こども園法第1条に規定する，「（前略）　小学校就学前の子どもに対する教育及び保育並びに保護者に対する子育て支援の総合的な提供を推進するための措置」を実体化する施設であり，法に示すように，教育機能，保育機能，子育て支援機能の3つを兼ね備えたものである。2022年4月現在，全国に9,161施設があるが，このうち8割以上は民営施設である。

　3歳未満児については，保育の必要な子どもに限定されるが，定員を設定することによって3歳以上児については，すべての子どもが利用できる。ただし，保育の必要のない子どもについては，教育標準時間（1日4時間程度）の利用に限定され，それ以上の利用を希望する場合，一時預かり事業（幼稚園型）を利用することになる。

　認定こども園には，幼保連携型認定こども園，保育所型認定こども園，幼稚園型認定こども園，地方裁量型認定こども園の4類型がある。運営は，幼保連携型認定こども園については，「幼保連携型認定こども園の学級の編制，職員，設備及び運営に関する基準」に基づき，都道府県（政令指定都市，中核市を含む）

が定めた条例，および「幼保連携型認定こども園教育・保育要領」に基づいて行われる。それ以外の認定こども園の運営については，「就学前の子どもに関する教育，保育等の総合的な提供の推進に関する法律第3条第2項及び第4項の規定に基づき内閣総理大臣，文部科学大臣及び厚生労働大臣が定める施設の設備及び運営に関する基準」に基づき，都道府県（政令指定都市，中核市を含む）が定めた条例に基づいて行われる。

　保育については，幼保連携型認定こども園は，「幼保連携型認定こども園教育・保育要領」，それ以外の認定こども園は，「幼保連携型認定こども園教育・保育要領を踏まえつつ，幼稚園教育要領及び保育所保育指針に基づいて行なわなければならない」とされている。

　保育の必要な子どもの利用は，すべて市町村に申し込み，利用決定を市町村がおこなう。保育の必要のない子どもについては施設が利用者を決定することができる。保育料は市町村が決定する。いずれも応能負担で，徴収は施設がおこなう。

　運営経費は，公立施設は一般財源の福祉部門，民営施設は施設型給付で賄われる。

(1)幼保連携型認定こども園

　幼保連携型認定こども園は，保育所でも幼稚園でもない，独立した施設で，教育機能を学校教育として展開することを特徴とする。保育の必要のない3歳以上の子どもの受け入れについては義務づけられていない。児童福祉法には児童福祉施設として位置づけられるが，学校教育法には位置づけられず，認定こども園法と教育基本法に基づいて学校としての性格を与えられる。職員は，0歳児を担当するものも含め保育教諭となり，教育職と位置づけられる。

　設置は，公立の他，社会福祉法人，学校法人に原則として限定されている。

(2)保育所型認定こども園

　保育所型認定こども園は，認可の保育所を基盤とするもので，保育の必要のない3歳以上の子どもも受け入れ（義務ではない），教育標準時間の活動を提供することができる形態である。ただし，これは学校教育とは位置づけられない。

職員も保育士のままである。

(3)幼稚園型認定こども園

幼稚園型認定こども園は，認可の幼稚園を基盤とするもので，保育の必要のある子どもも受け入れ，保育を提供することができる形態である。保育機能は必須であり，保育の必要のある子どもは必ず受け入れなければならない（年齢要件はないため，3歳以上の子どものみでも可）。職員も幼稚園教諭のままである。

(4)地方裁量型認定こども園

地方裁量型認定こども園は，保育所としても幼稚園としても認可を受けていないが，認定こども園としての要件を満たしていることにより，都道府県の認定を受けたものである。

幼　稚　園

幼稚園は，学校教育法に基づき，「義務教育及びその後の教育の基礎を培うものとして，幼児を保育し，幼児の健やかな成長のために適当な環境を与えて，その心身の発達を助長すること」（学校教育法第22条）を目的として設置される学校である。子ども・子育て支援制度の実施により，従来の幼稚園は，幼保連携型認定こども園，幼稚園型認定こども園，施設型給付幼稚園，私学助成幼稚園の4つのいずれかで運営されることとなった。すでに示したように，このうち幼保連携型認定こども園は，法律上は幼稚園でなくなった。

(1)施設型給付幼稚園

施設型給付幼稚園は，幼稚園ではあるが，子ども・子育て支援制度に基づき，市町村の施設型給付を受けて運営される形態である。利用は施設が決定できるが，保育料は応能負担型で市町村が決定することを特徴とする。(3)これにより，就園奨励費の還付はなくなった。公立幼稚園の経費は一般財源の教育部門，民営幼稚園は施設型給付で賄われる。

(2)私学助成幼稚園

私学助成幼稚園は，従来通り，私学助成により運営される形態である。利用

決定や保育料設定も従来通り，それぞれの施設でおこなうことができる。預かり保育や，就園奨励費の還付制度も継続する。

地域型保育

地域型保育には，家庭的保育，小規模保育，事業所内保育，居宅訪問型保育の4類型がある。子ども・子育て支援制度として利用する場合，市町村がその制度を実施していること，事業者が指定されたものであることなどが必要となる。

家庭的保育は，児童福祉法に基づいて，市町村が実施する公的な保育サービスである。家庭的保育者とその保育の実施場所は一定の基準を満たすことが必要で，市町村長が基準に照らして認定する。保育ママと呼ばれることもある。地域型保育給付の対象となるのは，原則として3歳未満の保育の必要のある子どもである。子ども・子育て支援制度とは別に，市町村が実施しているものも，家庭的保育と呼ばれることがある。

小規模保育は，子ども・子育て支援制度で新たに設けられた保育事業で，対象は，原則として3歳未満の保育の必要のある子どもである。利用定員は，6人以上19人以下であり，認可保育所にはならない。保育従事者の要件などにより，A型・B型・C型の3つの類型に分かれている。

事業所内保育は，雇用保険の事業所が，その従業員の子どもを対象にして実施するもので，職場内保育所や企業内保育所などと呼ばれることもある。一定の条件のもと，被保険者以外の子どもを預かることも可能である。

居宅訪問型保育は，子ども・子育て支援制度で，新たに認可事業として位置付けられたもので，子どもの居宅で保育をおこなう。対象は，原則として3歳未満の保育の必要のある子どもである。ベビーシッター，チャイルドマインダー，ナニーなどと呼ばれることもある。感染症などで保育所などが一時的に閉鎖された場合，夜間・深夜に仕事をする必要がある場合，離島などで地域に保育所などがない場合にも利用できる。

認可外保育施設

これまで示した拠点以外にも，認可外の施設がある。このうち，公的性格を有するものには，へき地保育所や市町村が独自に助成をしている認可外保育施設がある。へき地保育所は，山間部や離島などで，周囲に利用できる保育所や認定こども園がない場合などに設置される。地方自治体が独自に助成しているものは，待機児童対策としておこなわれている場合が多い。たとえば，東京都の認証保育所，横浜市の横浜保育室，仙台市のせんだい保育室などである。

公的性格を有しないものの代表は，いわゆる認可外保育施設である。厚生労働省では，認可外保育施設のうち，①夜8時以降の保育，②宿泊を伴う保育，③一時預かりの子どもが利用児童の半数以上，のいずれかを常時運営している施設をベビーホテルと定義し，毎年調査をおこなっている。これによると，2020年3月末現在で，認可外保育施設は1万9,078か所（うちベビーホテルは1,255か所），利用児童数は24万3,882人（同1万9,433人）となっている。

認可外保育施設（届出除外となっている施設をのぞく）については，児童福祉法第59条の2に基づき，都道府県知事に設置の届出をする必要がある。知事は，認可外保育施設指導監督基準に基づいて，調査や指導をおこなうことができる。

子育て支援の拠点を中心に展開される子育て支援事業

子育て支援の拠点では，さまざまな子育て支援事業が取り組まれている。地域子育て支援については，前章で紹介したので，本章では，施設の利用者に対する代表的な子育て支援事業について概説する。

(1)延長保育

延長保育は，保育所や認定こども園の利用者が，保育の必要性の認定を受けた時間以上（保育標準時間認定の場合11時間以上，保育短時間認定の場合8時間以上）の利用を希望する場合に対応するものである。施設が設定している保育時間から時間帯が外れる場合には，基準の時間より短い場合でも延長保育の対象となる。延長保育の利用料は，利用する時間と所得によって，月単位で設定される。

(2)病児保育

　病児保育は，病気の状況にある（病児）または回復期にある（病後児）子どもを対象に行われる保育事業である。常時の保育の必要性の有無は問われないが，実際にはほとんどが保育所や認定こども園の利用者である。

　事業には，病児対応型（病院・保育所・認定こども園などで，看護師などが病児（10歳未満）を一時的に預かる事業），病後児対応型（病院・保育所・認定こども園などで，看護師などが病後児（10歳未満）を一時的に預かる事業），体調不良児対応型（保育所・認定こども園において，体調不良となった子どもを一時的に預かる事業），非施設型（訪問型：病児・病後児について，看護師などが自宅へ訪問し，一時的に保育する事業）の4類型がある。

(3)休日・夜間保育

　休日保育事業は，保育所や認定こども園の休業日において，保育が必要な就学前の子どもを対象におこなわれる保育事業である。幼稚園の利用者であっても利用は可能である。

　夜間保育は，夜間（午前11時から午後10時を基本とし，その前後に時間延長ができる）に保育を必要とする就学前の子どもを対象におこなわれる保育事業である。実施施設は，夜間保育所として認定されている事業所に限らず，夜間の時間帯の保育を設定している保育所や認定こども園でも可能である。

(4)障がい児保育

　保育の必要な障がい児に対する支援は，子ども・子育て支援制度ではなく，一般財源により実施されている。保育所などでは障がい児保育あるいは特別支援保育，幼稚園では特別支援教育と呼ばれることが多い。実施主体となる市町村では，要綱等で事業内容を規定している場合が多い。

4　就学前の拠点型保育・教育における課題

　就学前の拠点型保育・教育施策は，多くの子育て家庭が一度は利用するといっていいほど，就学前施策のなかでも最も普及しているものである。したがっ

て，ニーズの変化に伴う制度的対応も常に意識されている。しかしながら，まだ十分には成果の上がっていない取り組みもみられる。最後に，代表的な課題を3点指摘しておく。

子ども・子育て支援制度の普及

子ども・子育て支援制度の検討期間は長かったものの，制度設計から本格実施までの期間が短かったこともあり，社会的理解は必ずしも十分とはいいがたい。たとえば，この制度では，過疎地での拠点の確保や待機児の解消も目標とされているが，その成果はいまだ十分上がっていない。

過疎地の就学前の拠点型保育・教育施設は，保育所と幼稚園の二元化体制のもとでは，保育所に収斂されつつあった。しかしながら，保育所の利用は，保育の必要性を前提としており，地域に幼稚園がないとか，地域に遊ぶ仲間がいないなどは，保育所を利用する要件に該当しない。認定こども園制度ができた現状ではなおさらである。

待機児対策については，この間，認可保育所の新設や定員の弾力化，認定こども園の創設，認可に際しての環境基準の緩和など，さまざまな取り組みがおこなわれてきた。しかしながら，都市部を中心に待機児はいまだ多く存在している。認可制度を利用できず，認可外保育事業の利用に留まっていたり，入所の可能性が低いため，最初から利用をあきらめていたりする人も，待機と同様の状況にあるといえる。利用の有無だけでなく，将来的には「満足のいく選択」次元まで対応するのかどうかも，社会的な課題といえる。

教育の位置付け

子どもの育ちにおいて教育は重要な意味をもつ。主な活動拠点である，保育所，幼稚園，幼保連携型認定こども園における教育は，**資料9-2**（次頁）に示すような位置付けとなっている。

幼稚園および幼保連携型認定こども園においては，「義務教育及びその後の教育の基礎を培う」となっており，これをもって学校教育と説明されている。

資料 9‐2　保育所・幼稚園・幼保連携型認定こども園における教育の位置付け

保育所	幼稚園 (学校教育法)	幼保連携型認定こども園 (認定こども園法)
(児童福祉施設の設備及び運営に関する基準) 第35条：保育所における保育は，養護及び教育を一体的に行うことをその特性とし，その内容については，厚生労働大臣が定める指針に従う。	第22条：幼稚園は，義務教育及びその後の教育の基礎を培うものとして，幼児を保育し，幼児の健やかな成長のために適当な環境を与えて，その心身の発達を助長することを目的とする。	第2条第7項：幼保連携型認定こども園とは，義務教育及びその後の教育の基礎を培うものとしての満3歳以上の子どもに対する教育並びに保育を必要とする子どもに対する保育を一体的に行い，これらの子どもの健やかな成長が図られるよう適当な環境を与えて，その心身の発達を助長するとともに，保護者に対する子育ての支援を行うことを目的として（中略）設置される施設をいう。
(保育所保育指針) 　第2章　保育の内容　実際の保育においては，養護と教育が一体となって展開されることに留意することが必要である。 　教育とは，子どもが健やかに成長し，その活動がより豊かに展開されるための発達の援助である。		

　一方，保育所においては，児童福祉施設の設備及び運営に関する基準および保育所保育指針において，「養護」と「教育」が一体となり「保育」として展開すると記されているが，この「教育」は学校教育としての位置づけはされていない。すなわち，保育所の子どもたちは，「義務教育及びその後の教育の基礎を培う」教育を受けることなく，小学校に入学することになる。認可外保育施設では，学校教育はむろんのこと，保育所で位置づけられているような教育さえ準用としか位置づけられていない。

ワークライフバランスの確保

　就労保障は当然必要であるが，一方で，子どもを育てる責任や，子どもが保護者に育てられる権利という視点も重要である。育児休業や短時間勤務，さらには病児・病後児の養育の在宅支援など，外部拠点以外の方策も強化し，保護者が多様な選択をできる状況にすることが必要である。

　保護者の労働，保育施策，家庭のありようとのバランスの問題，すなわち，

ワークライフバランスに向き合うことが大切である。

注

(1)　保育所の目的は，2014年の児童福祉法改正以前は，「日日保護者の委託を受けて，保育に欠けるその乳児又は幼児を保育すること」とされていた。現在は，「保育を必要とする乳児・幼児を日々保護者の下から通わせて保育を行うこと」となっている。

(2)　本章で用いる子ども・子育て支援制度の枠組みと用語については，終章を参照。

(3)　一般に上乗せ徴収と呼ばれる特定負担額や実費徴収も一定の条件のもとに認められている。

第Ⅲ部

さまざまな状況にある子どもを支える子ども家庭福祉

第10章

社会的養護と子ども家庭福祉

・・・・

1 社会的養護の現状

社会的養護のもとにある子ども，関係施設等の状況

社会的養護⁽¹⁾のもとにある子どもの数は，1960年頃をピークに1995年頃までは
おおむね減少傾向にあった。しかしながら，2000年代に入ると上昇した（図10
－1，次頁）。子ども虐待の増加や，それを受けての法整備，制度整備，国民の
意識の変化などがその背景にあるものと考えられる。

個別の社会的養護関係施設等の状況は，**表10－1**（次頁）の通りである。

施設で生活している子どもは，家庭養護の推進で全般に減少している。一時
期3万人を超えていた児童養護施設で生活している子どもは，現在は2万
5,000を割り込む状況となっている（2020）。一方，施設数は，小規模化の推進
のもとに増加しており，一施設あたりの子ども数は減少傾向にある。

家庭養護は，里親，小規模住居型児童養育事業（以下，ファミリーホーム）と
もに増加傾向にある。とりわけ，ファミリーホームは急増しており，これが家
庭養護推進の力となっている。

社会的養護関係施設等における入所理由は，**表10－2**（次々頁）の通りである。

家庭養護，施設養護（児童自立支援施設を除く）ともに，虐待を理由に入所し
ているものが最も多い。とりわけ，子どもの心理臨床に関する専門職員を配置
している児童心理治療施設では，4割以上が虐待を受けたことが入所理由にな
っており，虐待が子どもの心を傷つけていることを如実に示している。

児童自立支援施設でも虐待を理由とするものは，第2位である。これは，虐

図10‐1　社会的養護のもとにある子どもたち

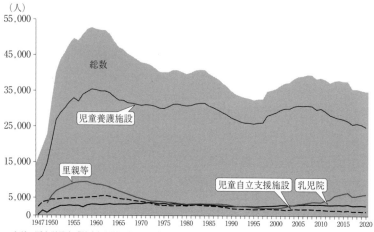

出所：厚生労働省「社会福祉施設等調査（各年版）」，および厚生労働省「福祉行政報告例（各年版）」を
　　　もとに筆者作成。

表10‐1　社会的養護関係施設等の状況

	乳児院	児童養護施　　設	児童心理治療施設	児童自立支援施設	母子生活支援施設	ファミリーホーム	里　親	自立援助ホーム
施 設 数	145	612	53	58	217	427	4,759	193
子ども数	2,472	23,631	1,321	1,201	5,440	1,688	6,019	662

小規模グループケア数	1,936

地域小規模児童養護施設数	456

資料：里親，ファミリーホームは「福祉行政報告例」（2021年3月末）。それ以外は，厚生労働省家庭福
　　　祉課調（2020年10月1日）。
出所：厚生労働省資料。

表10‐2　社会的養護関係施設等における入所理由別児童構成割合

	乳児院	児童養護施　　設	児童自立支援施設	児童心理治療施設	里親委託・ファミリーホーム
両親の死亡・行方不明	1.9	5.3	1.2	1.5	18.5
両親の離婚・未婚・不和	6.4	2.9	2.1	0.4	2.6
両親の拘禁・入院等	6.7	7.4	0.7	1.7	5.5
両親の就労・経済的理由	10.3	9.2	0.5	1.0	8.1
両親の精神疾患等	23.4	15.6	3.0	7.2	13.3
虐待・酷使・棄児等	32.6	45.2	19.4	39.6	40.2
児童の問題による監護困難	0.1	3.9	68.2	38.6	2.1
その他	18.2	9.9	4.2	8.9	8.8
不　詳	0.5	0.6	0.6	1.2	0.9
総　　数	100.0 (3,023人)	100.0 (27,026人)	100.0 (1,448人)	100.0 (1,367人)	100.0 (6,895人)

注：カッコ内は，利用児総数。
出所：厚生労働省子ども家庭局（2020）「児童養護施設入所児童等調査結果の概要」（2018年2月1日現在）を筆者修正。

図10‐2　各国の要保護児童に占める里親委託の割合（2010年前後の状況）

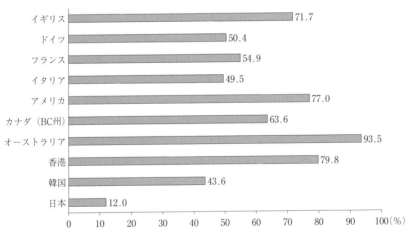

注：日本は2020年度末21.5%。
　　里親の概念は諸外国によって異なる。
出所：「家庭外ケア児童数及び里親委託率等の国際比較研究」主任研究者　開原久代（東京成徳大学子ども学部）
　　　（平成23年度厚生労働科学研究「社会的養護における児童の特性別標準的ケアパッケージ（被虐待児を養育する里親家庭の民間の治療支援機関の研究）」）。

待をうけたことにより傷ついた心が，他者への暴力や非行行為に結びついていることを示している。子どもの非行が保護者による虐待を誘発させている部分も一部にはあると考えられる。

家庭養護の割合の国際比較

　施設養護（乳児院＋児童養護施設）から家庭養護（里親＋ファミリーホーム）への転換は，国連子どもの権利委員会から強く求められている課題である。2011年の日本の家庭養護（里親委託）率は，10％強にすぎず，国際的にみるとかなり低いことがわかる（図10-2）。

　国では，子ども・子育てビジョンにおいて，2014年度までの目標値を16.0％と定めていたが，子どもの権利委員会の指摘を受け，措置機関である児童相談所に対して，里親委託優先の原則（次節で述べる）を通知するとともに，「新しい社会的養育ビジョン」において就学前の子どもは，原則として，新規措置を停止し，2025年頃を目途に家庭養護率を75％以上とすること，学童期以降は2028年頃を目途に50％以上とするという目標を掲げている。家庭養護委託率の2020年度末実績値は，21.5％である。

2　社会的養護改革への取り組み

　近年，施設養護中心の保護的福祉観が大きく変わろうとしている。これについて，その契機となった国際動向と，それに基づく国内の動きを簡単に紹介しておく。

国際動向

　施設養護中心の保護的福祉観を大きく揺さぶることになったのは，子どもの権利条約と，それに基づく子どもの権利委員会からの指摘，さらには，「児童の代替的養護に関する国連ガイドライン」（2009年）の採択である。子どもの権利条約第20条は，施設の利用の優先性を低く設定している。これに基づき，子

資料10 - 1　子どもの権利委員会による社会的養護に関する勧告

委員会は条約第18条に照らし，締約国に以下を勧告する；
(a)里親か小規模なグループ施設のような家族型環境において児童を養護すること
(b)里親制度を含め，代替的監護環境の質を定期的に監視し，全ての監護環境が適切な最低基準を満たしていることを確保する手段を講じること
(c)代替的監護環境下における児童虐待について責任ある者を捜査，訴追し，適当な場合には虐待の被害者が通報手続，カウンセリング，医療ケア及びその他の回復支援にアクセスできるよう確保すること
(d)全ての里親に財政的支援がされるよう確保すること
(e)2009年11月20日に採択された国連総会決議に含まれる児童の代替的監護に関する国連ガイドラインを考慮すること。

出所：外務省（2010）「同報告審査後の同委員会の最終見解（仮訳）」(http://www.mofa.go.jp/mofaj/gaiko/jido/pdfs/1006_kj03_kenkai.pdf)。

どもの権利委員会は，日本に対して，３回にわたって，施設中心のあり方の見直しを求めた。

　国連ガイドラインでは，「施設の進歩的な廃止を視野に入れた，明確な目標及び目的を持つ全体的な脱施設化方針に照らした上で，代替策は発展すべきである」との見解を示している。さらに別項では，３歳未満の子どもについては，施設の利用を避けるべきことを示している。これに基づき，2010年，日本は**資料10 - 1**に示すような３回目の勧告を受け，社会的養護改革を強く迫られることになった。

　なお，大幅な改革を目指す「新しい社会的養育ビジョン」を受けての「第４回・第５回総括所見」（2019）では，同ビジョンについて一定の評価をしつつも，一時保護や施設内虐待などでの懸念を示している（パラグラフ28）。

国内動向

　社会的養護施策は，児童福祉法制定時，事実上最も大きな課題であったものであり，整備は早かった。一方で，その分，変化への対応力が弱かったといわざるを得ない。社会的養護施策の本格的な改革は，社会的養護施策の矛盾への内発的な認識からというよりも，高齢者福祉や地域福祉改革の機運に合わせ，並行的に進められていった。

　たとえば，子育て短期支援事業，子ども家庭福祉相談の第一義的窓口の市町村化（2005年）などである。社会的養護の内発的改革は，2010年前後から始まる。その基本的方向を示したのが「社会的養護の課題と将来像」（2011年）である。

(1)要保護児童対策地域協議会（2004年）

　要保護児童対策地域協議会は，児童福祉法に基づき，地方自治体に設置される。設置は任意ではあるが，ほぼすべての市町村に設置されている。対象児童は，要保護児童全般であり，虐待を受けた子どもに限らず，要支援児童，支援の必要な妊婦（特定妊婦），非行児童なども含まれる。

　要保護児童対策地域協議会には，①要保護児童等の早期発見，②迅速な支援開始，③情報の共有化，④関係機関等の間での役割分担，などが期待されている。

(2)社会的養護の課題と将来像（2011年）

　「社会的養護の課題と将来像」は，児童養護施設等の社会的養護の課題に関する検討委員会の議論をもとに，社会保障審議会児童部会社会的養護専門委員会との合同で提出された報告書である。その背景には，前項で示した国際動向がある。

　ここでは，社会的養護の基本的方向として，①家庭的養護の推進，②専門的ケアの充実，③自立支援，④家族支援・地域支援の充実を示し，10数年をかけて，おおむね3分の1を里親およびファミリーホーム，おおむね3分の1をグループホーム，おおむね3分の1を本体施設（児童養護施設はすべて小規模グループケア）にする，という目標を設定した。

　この報告書では，国際動向およびそれに対応した国内動向を踏まえ，家庭養護（family-based care）と家庭的養護（family-like care）という概念について見直した。新しい概念整理は，**図10-3**の通りである。これは「児童の代替的養護に関する国連ガイドライン」に示される内容を援用したものである。

(3)里親委託ガイドライン（2011年）

　里親委託ガイドラインは，厚生労働省が児童相談所の設置者向けに発布した

図10-3　社会的養護に関する概念整理

出所：筆者作成。

通知である。このガイドラインでは，里親制度の意義をうたい，児童相談所の措置において，里親委託を優先するという原則を下記のように明記している。

　家族は，社会の基本的集団であり，家族を基本とした家庭は子どもの成長，福祉及び保護にとって最も自然な環境である。このため，保護者による養育が不十分又は養育を受けることが望めない社会的養護のすべての子どもの代替的養護は，家庭養護が望ましく，養子縁組里親を含む里親委託を原則として検討する。特に，乳幼児は安定した家族の関係の中で，愛着関係の基礎を作る時期であり，子どもが安心できる，温かく安定した家庭で養育されることが大切である（厚生労働省「里親委託ガイドライン」2018年より一部抜粋）。

---

(4)施設種別ごとの運営指針（2012年）

　社会的養護関係施設（児童養護施設，乳児院，母子生活支援施設，児童自立支援施設，児童心理治療施設）には，種別ごとの「運営指針」，里親およびファミリーホームについては「養育指針」を明らかにし，ケアの標準を示した。

(5)家庭的養護推進計画（2013年）

　家庭的養護推進計画とは，乳児院および児童養護施設が，都道府県（政令指定都市，児童相談所設置市を含む）からの要請に基づき計画するものである。この計画においては，それぞれの実情に応じて，小規模化・地域分散化や家庭養護の支援を進める具体的な方策を明らかにすることが求められる。計画期間は，原則として2015年度から2029年度の間である。

　都道府県等の要請は，都道府県等推進計画(2)に基づき行われる。この計画は，各施設が策定した家庭的養護推進計画との整合性を図りつつ策定される。計画期間は，同じく，2015年度から2029年度の間で，5年ごとに見直しを行うこととされている。一方，都道府県は，子ども・子育て支援法に基づき，5年間の計画期間で，子ども・子育て支援事業支援計画を策定しなければならない。第1期計画が2019年度に終わり，2020年4月からは新たな計画のもとで事業推進が図られている。子ども・子育て支援事業支援計画においては，社会的養護に関して，①家庭的養護の推進（里親委託等の推進および施設の小規模化および地域分散化の推進），②専門的ケアの充実および人材の確保・育成，③自立支援の充実，④家族支援および地域支援の充実，⑤子どもの権利擁護の推進，の記載を求めている。

　したがって，都道府県等推進計画の策定や見直しにおいては，子ども・子育て支援事業支援計画との整合性が必要とされている。

3　社会的養護の基本理念と原理

　前項(4)で示した施設種別ごとの運営指針は，基本的に同一の構成をしている。代表的な施設として，児童養護施設を取り上げると，**表10-3**の通りである。これに基づいて第三者評価の義務化など，公的施策としてのアカウンタビリティを果たす取り組みもおこなわれている。

　そこで示される社会的養護の基本理念と原理は，以下の通りである。

社会的養護の基本理念

　運営指針では，社会的養護の基本理念として，①子どもの最善の利益のために，②社会全体で子どもを育む，の2つを掲げている。これが，広い意味での，わが国の社会的養護の援助観になる。

　子どもの最善の利益とは，子どもの権利を擁護することを目的として，「全て児童は，児童の権利に関する条約の精神にのっとり，適切に養育されること，

表10‐3　児童養護施設運営指針の構成

第Ⅰ部　総　論	第Ⅱ部　各　論
1．目的 2．社会的養護の基本理念と原理 3．児童養護施設の役割と理念 4．対象児童 5．養育のあり方の基本 6．児童養護施設の将来像	1．養育，支援 2．家族への支援 3．自立支援計画，記録 4．権利擁護 5．事故防止と安全対策 6．関係機関連携，地域支援 7．職員の資質向上 8．施設の運営

その生活を保障されること，愛され，保護されること，その心身の健やかな成長及び発達並びにその自立が図られることその他の福祉を等しく保障される権利を有する」（児童福祉法第1条），「児童は，人として尊ばれる。児童は，社会の一員として重んぜられる。児童は，よい環境のなかで育てられる」（児童憲章前文），「児童に関するすべての措置をとるに当たっては，公的若しくは私的な社会福祉施設，裁判所，行政当局又は立法機関のいずれによって行われるものであっても，児童の最善の利益が主として考慮されるものとする」（子どもの権利条約第3条第1項）などの規定を実現することである。

　すべての子どもを社会全体で育むとは，保護者の適切な養育を受けられない子どもを，公的責任で社会的に保護・養育するとともに，養育に困難をかかえる家庭への支援をおこなうことをいう。児童福祉法では，「全て国民は，児童が良好な環境において生まれ，かつ，社会のあらゆる分野において，児童の年齢及び発達の程度に応じて，その意見が尊重され，その最善の利益が優先して考慮され，心身ともに健やかに育成されるよう努めなければならない（児童福祉法第2条第1項），児童の保護者は，児童を心身ともに健やかに育成することについて第一義的責任を負う（同第2項），国及び地方公共団体は，児童の保護者とともに，児童を心身ともに健やかに育成する責任を負う」（同第3項）と，社会的養護のもとで暮らす子どもに限らず，国民や国等がすべての子どもの福祉に関して，責任があることを示している。

社会的養護の原理

運営指針では，社会的養護の原理として，⑴家庭的養育と個別化，⑵発達の保障と自立支援，⑶回復をめざした支援，⑷家族との連携・協働，⑸継続的支援と連携アプローチ，⑹ライフサイクルを見通した支援，の6つを掲げている。社会的養護の実践においては，この6つの原理を意識した取り組みが必要である。

⑴家庭的養育と個別化

子どもは，安心と安全を実感できる場で，できるだけ安定した大人との関係のもとで育つことが必要である。社会的養護サービスを利用する子どもには，安心と安全を実感できる場での生活経験が少ないものが多く存在する。このような状況を受け止め，一人ひとりに合った援助（個別化）を実現するには，家庭的養護体制が必要である。それをより実現する可能性があるのが，家庭養護である。

⑵発達の保障と自立支援

子どもは，育てられる存在であると同時に，自ら育つ力をもつ存在でもある。育ちとは，発達という言葉で言い換えることも可能である。「育ち，育てられる関係」を通じて，子どもは成長発達し，自立していく。子どもたちの育ちの目標は，自立にある。社会的養護サービスを利用する子どもたちにおいてもこれは同様である。すなわち，社会的養護の目標は，発達の保障と自立ということである。

⑶回復をめざした支援

社会的養護を必要とする子どものなかには，虐待体験や親との分離体験などにより，心身にさまざまな傷を負っているものも少なくない。このような経験は，自己肯定感を低くさせ，時には，生きていることの意味を否定することにつながったり，自暴自棄になったりすることもある。社会的養護サービスのもとで生活している子どもたちの支援では，自己肯定感を取り戻し，「生きていていいんだ」，「自分のせいで，家族の問題が発生しているのではない」など，前向きに生きていく力を回復するための取り組みが必要である。

⑷家族との連携・協働

社会的養護の目標は，家族との関係の再構築にある。支援の実践においては，保護者の生きる力の回復や支援をしつつ，親子関係を再構築していくための取り組みが必要となる。なお，親子関係の再構築とは，一緒に住むことだけを指すのではない。親子の心理的関係を維持しながら別々に暮らすことも再構築のひとつである。

⑸継続的支援と連携アプローチ

社会的養護の支援はどこまで必要かということに対する結論を出すことはなかなか困難である。支援においては，その始まりからアフターケアまでの「継続性」と，できる限り特定の養育者による養育の「一貫性」が望まれる。また，そのプロセスでは，特定の養育者あるいは少数の養育者グループを核にした，他機関，他資源との連携による取り組みが求められる。

⑹ライフサイクルを見通した支援

子どもはやがて成人し，社会生活を営む必要がある。たとえば，就労の安定，家族の形成，子育てする親としての養育能力などは，社会的養護のもとで育つ子どもには，一般の家庭で育つ子どもよりも，より重要となる。子どもという視点のみならず，成人あるいは親としての生活を意識した見守り体制を社会的養護システムとどのように連携し，継続させていくかという視点が求められるということである。

4　代表的な社会的養護サービス

今日実施されている社会的養護施策のメニューは，⑴発生予防・発見・相談・情報提供，⑵在宅福祉サービス，⑶分離保護サービス（入所施設および家庭養護），⑷リービングケア・アフターケア，⑸権利擁護・質の向上，の大きく5つに分けることができる。

発生予防・発見・相談・情報提供

発生予防・発見・相談・情報提供などを目的の一つとする機関として，児童相談所，家庭児童相談室，児童委員・主任児童委員，保健所などの公的機関が設置されている。また，1998年からは，新たに児童家庭支援センターが設置されることとなった。地域子育て支援拠点事業も，地域子育て支援と社会的養護サービスの入り口としての機能が期待される。

在宅福祉サービス

要養護児童やその家庭を対象とする在宅福祉サービスには，児童家庭支援センター，子育て短期支援事業（事業の概要は，第13章ひとり親家庭福祉施策を参照），乳児家庭全戸訪問事業（こんにちは赤ちゃん事業），養育支援訪問事業などがある。

乳児家庭全戸訪問事業は，生後4か月までにすべての家庭を訪問し，様々な不安や悩みを聞き，子育て支援に関する情報提供等を行うとともに，親子の心身の状況や養育環境等の把握や助言を行い，支援が必要な家庭に対しては適切なサービス提供につなげるものである。養育支援訪問事業は，こんにちは赤ちゃん事業，乳幼児健診，母子保健活動などから，より専門的な支援が必要と考えられた家庭に対して，保健師・助産師・保育士などが訪問し，支援を行うものである。実施主体はいずれも市町村である。

分離保護サービス

(1)分離保護の基本的考え方

子どもの権利条約や児童の代替的養護に関する国連ガイドラインでは，親子が一緒に生活できるように支援する必要性をまず明らかにし，分離保護が必要な場合でも短期的，一時的とすべきであるとしている。さらに，分離保護については，里親やファミリーホーム，養子縁組（家庭養護）がまず検討され，必要な場合にのみ小規模な生活単位の施設（家庭的養護）で対応するという原則を示している。

資料10‐2　分離保護の原則に関する児童福祉法の規定

> **第3条の2**　国及び地方公共団体は，児童が家庭において心身ともに健やかに養育されるよう，児童の保護者を支援しなければならない。ただし，児童及びその保護者の心身の状況，これらの者の置かれている環境その他の状況を勘案し，児童を家庭において養育することが困難であり又は適当でない場合にあつては児童が家庭における養育環境と同様の養育環境において継続的に養育されるよう，児童を家庭及び当該養育環境において養育することが適当でない場合にあつては児童ができる限り良好な家庭的環境において養育されるよう，必要な措置を講じなければならない。
>
> **第48条の3**　乳児院，児童養護施設，障害児入所施設，児童心理治療施設及び児童自立支援施設の長並びに小規模住居型児童養育事業を行う者及び里親は，当該施設に入所し，又は小規模住居型児童養育事業を行う者若しくは里親に委託された児童及びその保護者に対して，市町村，児童相談所，児童家庭支援センター，教育機関，医療機関その他の関係機関との緊密な連携を図りつつ，親子の再統合のための支援その他の当該児童が家庭（家庭における養育環境と同様の養育環境及び良好な家庭的環境を含む。）で養育されるために必要な措置を採らなければならない。

　これを受けて，児童福祉法は2016年に大幅に改正された。第3条の2がその原則を明示している（**資料10‐2**）。この条文の表記のうち，「家庭における養育環境と同様の養育環境」が家庭養護，「できる限り良好な家庭的環境」が家庭的養護に相当するものと解される。また，施設長等には，これが実現するための措置を採る義務を課している。

(2)入所施設

　社会的養護に対応する入所施設は，乳児院，母子生活支援施設，児童養護施設，児童心理治療施設，児童自立支援施設，および障害児入所施設がある。このうち，母子生活支援施設，児童心理治療施設，児童自立支援施設，および障害児入所施設については，他章で紹介しているので，ここでは残る2つについて解説する。

　乳児院は，乳児を入院させて養育するとともに，退院したものについて相談その他の援助を行うことを目的とする施設である。保健上，安定した生活環境の確保その他の理由により特に必要のある場合には，幼児まで入所させることができる。

　児童養護施設は子ども（乳児を除く）を入所させて養護するとともに，退所したものに対する相談その他の自立のための援助を行うことを目的とする施設

である。安定した生活環境の確保その他の理由により特に必要のある場合には，乳児を入所させることができる。対象は18歳未満であるが，必要があると認められた場合，20歳までの延長も可能である。児童養護施設では，施設の小規模化や地域化の取り組みとして地域小規模児童養護施設や分園型グループホームの取り組み，ケア単位の小規模化の取り組みとして小規模グループケアが推進されている。

(3)家庭養護制度等

家庭養護制度等には，里親制度とファミリーホーム事業（小規模住居型児童養育事業），養子縁組がある。

里親制度は子ども（18歳未満を原則とするが，必要があれば20歳まで延長可能）を地域の家庭で個別に養育する制度で，児童福祉法に基づくものである。あくまでも，養育を旨とするもので，民法上の親子関係を結ぶものではない。

里親には，養育里親（生活の場として家庭を必要とする子どもを親に代わって養育するもので，養子縁組を前提としない），養子縁組を希望する里親（養子里親：将来養子縁組を希望するもので，縁組が成立するまでの間のもの），親族里親（子どもの3親等内の親族がその子どもに限ってなる里親），の3種類がある。さらに養育里親の内部類型として，より専門的な支援が必要な子どもを対象とする専門里親がある。専門里親には，子ども関係の仕事の経験や里親経験をもとに，養育里親とは異なる高度な研修が課せられ，認定される。これ以外にも，地方自治体や民間の取り組みとして，週末里親　季節里親などがある。

ファミリーホーム事業は，養育里親・専門里親の経験者や社会的養護施設で職員を経験したものが，自宅（賃貸可）において，5～6人の子どもを養育する事業である。法人による運営も認められているが，主たる養育者はその住居を本拠とする必要がある。養育に際しては，2人の養育者（家族を構成しているもの）および1人以上の補助者を置くこととされている。

民法上の親子関係を結ぶ制度は，養子縁組である。養子縁組の一形態である特別養子縁組は，子どもの福祉を図ることを目的とするもので，子どもの年齢，養親の年齢，実親の親権，縁組解消などにいくつかの要件が規定されている。

リービングケア・アフターケア

施設退所前後のケアをリービングケア，施設退所後のケアをアフターケアという。これらは，子ども家庭福祉施設の本来的な事業であるが，それをさらに有効にするため，児童養護施設分園型自活訓練事業，社会的養護自立支援事業，児童自立生活援助事業などが実施されている。

児童養護施設分園型自活訓練事業は，施設入所児童が施設を退所する前の一定期間に地域の中で生活体験を行うことで，社会人として必要な知識・能力を高め，社会的自立の促進を図るものである。対象児童は，一年以内に社会的自立を予定しているものが優先される。社会的養護自立支援事業は，里親等への委託や，児童養護施設等への施設入所措置を受けていた者で，18歳（措置延長の場合は20歳）に到達したことにより措置解除された者のうち，自立のための支援を継続して行うことが適当な場合について，年齢制限を設けることなく，必要な支援を実施することなどにより，将来の自立に結びつけることを目的とする。事業は，施設等に支援コーディネーターを配置し，継続支援計画を作成して行われる。

児童自立生活援助事業は，児童福祉法に基づく事業で，自立援助ホーム事業とも呼ばれる。この事業は，子どもの自立支援を図る観点から，義務教育終了後，児童養護施設，児童自立支援施設などを退所し，就職する子どもなどに対し，共同生活を営むべき住居（自立援助ホーム）において，相談その他の日常生活上の援助および生活指導並びに就労の支援を行うものである。

権利擁護・質の向上

権利擁護および質の向上は，本来，あらゆる事業に主体的に求められるものであるが，近年これが制度的に推進されている。権利保障の場である施設における子どもの権利侵害は，子どもの心を二重に傷つけることになり，当然のことながらあってはならない。また，常に質の向上への努力を行うことも，よりよい権利保障の場とするには重要である。

具体的な取り組みとしては，1997年の児童福祉法改正によって，入所措置時

点での子どもや保護者の意見の尊重，児童福祉審議会からの意見聴取などのシステムが導入された。

　また，2000年の社会福祉法成立と関連して，苦情解決制度と第三者評価制度の導入が推進されている。苦情解決制度は，①都道府県社会福祉協議会に設置されている運営適正化委員会，②個々の施設において設置される，施設長を含む職員の体制として，苦情解決責任者，苦情解決担当者，③職員外の仕組みとしての第三者委員，の大きく３つで構成されている。第三者評価制度は，第一者評価（自己点検・自己評価），第二者評価（利用者評価）とあわせておこなわれるもので，質の向上と情報開示の２つを目的としている。

　このような制度的なもの以外にも，個々の施設や施設団体の動きとして，権利ノート，情報ブックなどの作成，養育基準やケア基準の公表などの主体的な取り組みもみられる。

5　社会的養護施策の課題

　社会的養護施策は，最も歴史のある施策であるが，常に変化するニーズのなかで，いまだ多くの課題を抱えている。今後，引き続き検討していかなければならない課題として，代表的なものを３点指摘しておく。

　第１は，在宅福祉サービスの強化である。子どもの権利委員会の指摘にもあるように，社会的養護に関する在宅福祉サービスの整備は遅れているといわざるをえない。子育て短期支援事業などの直接的なサービスはむろんのこと，発生予防からはじまり，相談体制，早期対応体制，さらには継続的な支援体制など，最も基本的部分での整備がより急がれる状況にある。市町村子ども・子育て支援事業計画で，これをどこまで実施できるかは大きな課題である。

　第２は，専門的なケアの確立である。社会的養護の専門性には，生活を総合的に援助することと，子どもやその家族が抱えている個別的な問題への専門分化的な援助との２つがある。近年，虐待を受けて入所してくる子どもに典型的にみられるように，治療的な視点をもった心のケアや，「育ち直し」の必要な

子どもが増えている。このような子どもたちへのケアや，復帰先としての家庭
の機能再生に向けてのケアが可能なシステムの整備，職員配置，職員の資質向
上が必要である。

　第3は，国内動向で示した社会的養護システムの再編成の実現である。これ
はきわめて大きな課題であり，都道府県子ども・子育て支援事業支援計画にお
いても，十分検討する必要がある。また，発見・相談から，自立・家庭復帰ま
でのケア全体を一つのシステムとしてとらえるためには，市町村子ども・子育
て支援事業計画と都道府県子ども・子育て支援事業支援計画の調整も重要であ
る。

　注
(1)　虐待や精神疾患などにより保護者に監護させることが適当でない子ども，入
　　院や拘禁などにより一時的に保護者による養育が困難な子ども，保護者のない
　　子どもなどを，公的責任で社会的に養育したり，予防的な対応をすることによ
　　り，子どもおよび家庭への支援をおこなうこと。
(2)　都道府県等推進計画は，実際には，社会的養護推進計画や家庭的養護推進計
　　画の名称で計画の目的を付した名前が多く用いられている。

第11章

虐待を受けている子どもと子ども家庭福祉

* * *

1 子ども虐待の現状

子ども虐待相談件数

　児童福祉法では，子ども虐待事案の第一義的通告先として市町村を指定している。また，社会的には児童相談所も通告先としてよく知られている。両者の受け付けている相談対応件数は毎年増加し，2020年には通告先として市町村では15万件を超える状況，都道府県（児童相談所）は，市町村よりもさらに多く，20万件を越えた（図11‐1，次頁）。ただし，双方に通告される事例や，児童相談所が受け付けて市町村に紹介した事例，あるいはその逆などの重なりは調整されておらず，両者を合わせたものが相談対応件数の総数となるわけではない。

　相談対応件数の大幅な増加要因としては，実際の発生件数の増加以外に，社会を揺るがすような痛ましい子ども虐待に関する事件の発生などによる社会的関心の増大も考えられる。さらに，通告対象範囲拡大（「虐待を受けた子ども」から「虐待を受けたと思われる子ども」に），子ども家庭福祉相談の第一義的窓口の基礎自治体化（都道府県から市町村に）などの制度改正も影響していると考えられる。

虐待を受けている子どもたちの状況

　厚生労働省では，児童相談所が対応した子ども虐待相談について，その中身を毎年公表している。2020年度の報告から，虐待の種別，主な虐待者，虐待を受けた子どもの年齢を紹介する（図11‐2，次頁）。

図11-1　子ども虐待相談対応件数

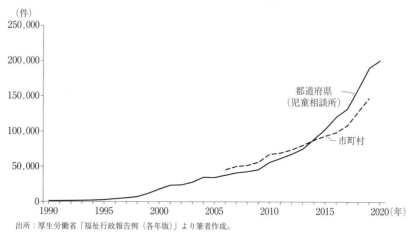

出所：厚生労働省「福祉行政報告例（各年版）」より筆者作成。

図11-2　虐待を受けている子どもたちの状況（児童相談所の相談）

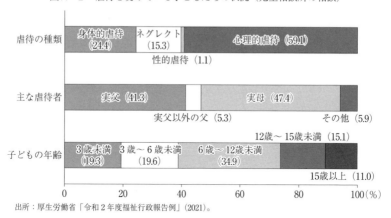

出所：厚生労働省「令和2年度福祉行政報告例」（2021）。

　虐待の種別はかつては身体的虐待が多かったが，近年では心理的虐待がそれを超えている。虐待には身体的虐待，心理的虐待，性的虐待，ネグレクト（養育の放棄・放任）の4つがある（本章次節でくわしく解説する）。統計上は最も主なものを1つ選ぶことになっているが，実際には独立して起こることは少なく，多くの子どもたちが複数の虐待を受けている。たとえば，身体的虐待や性的虐

待を受けている子どもは，心理的にも傷ついていることは想像に難くない。心理的虐待に面前 DV を含めることになったことによりその割合が急激に高くなっている。

　虐待をしているものは，実母が半数弱で最も多い。次は実父の4割強である。実母がやや多くなっているが，多くの子どもたちは実母と生活している時間が最も長い。これは絶対数にすぎず，虐待率の問題ではないことに留意する必要がある。虐待を受けた子どもの年齢は，3歳未満および3歳から6歳未満がともに2割弱で，就学前全体ではほぼ4割となる。15歳以上という年齢の高い子どもも1割強ある。

虐待による死亡

　社会保障審議会児童部会の児童虐待等要保護事例の検証に関する専門委員会では，2005（調査対象年は2003年）年から毎年，虐待による死亡事例の検証報告を公表している。2021年には第17次報告がなされた。半年間の調査であった第(1)1次報告を除く，それ以降の結果が図11-3（次頁）である。

　心中を含めると，年間100人以上の子どもが虐待により死亡していた時期があり，その後は減少傾向にあったが，近年は増減を繰り返している。

　子どもの年齢でみると，心中以外の虐待死では，0歳児が6割台半ばを占めている。この多くが新生児であり，生まれてまもなく亡くなっており，初期支援の重要性を示している。

施設職員などによる虐待

　施設や里親などで生活している子どもたちに対する職員による虐待を，児童福祉法では被措置児童等虐待と呼んでいる。2019年度，この制度に基づき虐待を受けたと認定された子どもは94人である。子どもたちが生活していた場で最も多いのは，児童養護施設の53.2%である。以下，障害児入所施設14.9%，里親・小規模住居型児童養育事業（ファミリーホーム）および一時保護所（委託を含む）が各11.7%，などとなっている。

図11-3　虐待による死亡子ども数の推移

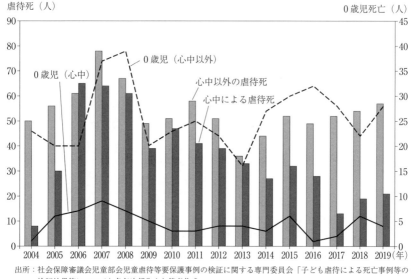

出所：社会保障審議会児童部会児童虐待等要保護事例の検証に関する専門委員会「子ども虐待による死亡事例等の
検証結果等について」各年次報告より筆者作成。

　虐待の種別では，身体的虐待が最も多く62.8％，以下，心理的虐待20.2％，
性的虐待13.8％，ネグレクト3.2％である。一般の虐待に比べて性的虐待が多
いのが特徴となっている。

　虐待を行った職員等の実務経験年数は5年未満が50.5％と半数を越える。5
〜9年も18.6％あり，合わせると10年未満で7割弱となる。

2　子ども虐待とは何か

　子ども虐待に関しては，児童福祉法により，虐待を含む子ども家庭福祉問題
への一般的な対応を，さらに，児童虐待の防止等に関する法律（以下，児童虐
待防止法）で，子ども虐待に特化した対応を規定している。この他，民法，刑
法，家事審判法なども，子ども虐待に対する対応を理解するうえでは重要であ
る。子どもの権利条約においても，子ども虐待に関する規定（第19条）を設け

ている。

　子ども虐待は，子どもに対する重篤な人権侵害であり，児童虐待防止法では，「何人も，児童に対し，虐待をしてはならない」（第3条）と，すべての人に対して，子ども虐待をしてはならないことを規定している。民法に規定される親権の効力である，監護教育の権利義務や懲戒権は，「子の利益のため」（第820条）に存在するものであり，親権に基づいて，子どもの虐待を容認するものではない。

子ども虐待の定義

　子ども虐待に関しては，児童虐待防止法第2条で，3つの内容を定義している。

　第1は，虐待者である。虐待者は，親権を行う者，未成年後見人その他の者で，児童を現に監護するものとされている。これには，子ども家庭福祉施設の施設長も含まれる。ただし，施設の職員については，保護者には該当しないため，別途，後述の被措置児童等虐待という制度で対応が図られている。また，この定義には，子どものきょうだいや，親族を含む保護者に該当しない同居人による行為は含まれていない。学校でのいじめや教員による体罰[2]も，この定義には含まれていない。

　第2は，被虐待者である。被虐待者は，児童福祉法と同様で，18歳未満のものとされており，未成年者のうち，18歳以上20歳未満のものは含まれないことになる。

　第3は，虐待の種別である。法律では，身体的虐待，性的虐待，子育て放棄（ネグレクト），心理・精神的虐待の4つを示している。高齢者や障がい者の虐待の場合，これに経済的虐待（搾取）が含まれているが，子ども虐待の場合，これは含まれない。また，実践場面では，代理（による）ミュンヒハウゼン症候群[3]と呼ばれる，非常に発見しづらい虐待の存在も指摘されている。なお，子どもを意図的に病気にさせていることが明らかになった場合には，身体的虐待と判断される。きょうだいが虐待を受けている場面，DVでどちらかの親が暴

力を受けている場面を目の当たりにしている場合などは，本人が身体的虐待等を直接受けていなくても心理的虐待とされる。

子ども虐待の発生要因

　子ども虐待は，複数の要因が重なり合って生じるものであり，単一の要因で起こることはまれである。比較的共通しているのは，次のようなものである。当然のことながら，これらの要因があれば必ず子どもが虐待されるというものではなく，適切な支援や環境があれば，むしろ虐待は起こらないものであり，予防的な対応が可能であることを理解しておく必要がある。子ども虐待の発生要因は，保護者要因，子ども要因，養育環境要因などの側面から考えることができる。

　保護者側の要因としては，妊娠を受け入れられない状況での出産，子どもへの愛着や基本的知識の不足など，子育て能力の未熟さ，発達障がい，精神障がい，薬物依存，心身の不調，攻撃的な性格や衝動的な性格など保護者の性格特性などがあげられる。また，保護者自身に被虐待経験があったり，適切な養育を受けてこなかったりなど，成育要因なども指摘されている。

　子ども側の要因としては，発育不良，障がい，発達障がい，非行や学習障がい，反抗的な態度などが指摘されている。

　養育環境要因としては，不安定な家庭環境や家族関係，社会的孤立や経済的な不安，妊婦健診や乳幼児健診未受診など保健面への無関心，再婚家庭での人間関係などが指摘されている。

被措置児童等虐待

　児童虐待防止法の子ども虐待には，施設職員等による入所児に対する虐待を含めていないことはすでに示した通りである。これについては，児童福祉法で，被措置児童等虐待という用語で定義するとともに，これへの対応を示している。

　被措置児童等虐待とは，施設職員等が被措置児童等に対しておこなう，身体的虐待，性的虐待，ネグレクト，心理・精神的虐待をいう。子ども間の暴力は

これには該当しないが，それに対して適切な対応をしていない場合には，ネグレクトとみなされる。施設職員等とは，ファミリーホーム従事者，里親・その同居人，児童養護施設等社会的養護関係施設・障がい児入所施設等職員，指定医療機関の管理者その他の従業者，一時保護従事者をいう。

　被措置児童等虐待を受けたと思われる子どもを発見したものについては，児童福祉法に基づき通告義務が課せられている。また，子ども自身にも，児童相談所，都道府県，児童福祉審議会に届け出ることができるという規定が設けられている。

体罰と虐待

　しつけを理由に，体罰を肯定する風潮が一部にみられ，これが虐待につながることがある。国連子どもの権利委員会からは，日本には明確な体罰禁止規定がないことを問題視されていた。これらの状況を受け，2019年に児童虐待防止法が改正され（表11-1），2020年4月から施行となった。取り締まるという観点ではなく，体罰が子どもにとってよくないことを理解し，体罰を用いずに子育てをすることを促すことを目的とする規定である。そのために，国は「体罰等によらない子育てのために」というガイドラインを作成している。

表11-1　児童虐待防止法による体罰禁止規定（第14条第1項）

> 　児童の親権を行う者は，児童のしつけに際して，体罰を加えることその他民法第820条の規定による監護及び教育に必要な範囲を超える行為により当該児童を懲戒してはならず，当該児童の親権の適切な行使に配慮しなければならない。

3　子ども虐待への対応

児童福祉法に基づく子ども虐待相談の仕組み

　子ども虐待に関する相談は，公的機関，児童福祉法等に基づく民間機関，民間の主体的活動など，多様な形で取り組まれている。

　児童福祉法第25条では，子どもの虐待等，要保護児童を発見したものには，

市町村，都道府県の設置する福祉事務所，児童相談所に通告することを義務づけている（児童委員を介して通告することも可能）。このうち，市町村が第一義的相談窓口として位置づけられている。さらに，児童虐待防止法では，子どもにかかわる仕事や活動をしているものに，早期発見の努力義務を課している。

　児童相談所での相談は，児童相談所運営指針に基づいておこなわれるが，子ども虐待相談については，別途，子ども虐待対応の手引きにより，より詳細な対応方法を示している。

　市町村についても同様に，市町村児童家庭相談援助指針が示されている。市町村には，さらに，要保護児童やその保護者に関する情報交換および要保護児童に対する支援の内容に関する協議などをするため，児童福祉法第25条の2に基づき，要保護児童対策地域協議会設置の努力義務を課している（設置率は99％以上）。協議会の対象には，虐待を受けている子ども，非行児童，障がい児，支援の必要な妊婦，などが含まれる。

　児童家庭支援センターは，実質上，民間の相談支援機関として設置されている児童福祉施設である。児童家庭支援センターは，地域の子どもに関するさまざまな問題について，家庭・地域住民その他からの相談に応じ，児童相談所，児童福祉施設，地域関係諸団体等との連絡調整を総合的に行い，地域の子どもおよび家庭の福祉の向上を図ることを目的としている。全国に167施設設置されているが（2022年），この多くは，児童養護施設を運営している社会福祉法人が設置している。

児童福祉法・児童虐待防止法における対応

　子ども虐待への対応については，児童福祉法を基本としつつも，児童虐待防止法および関連の通知等において，より詳細に規定されている。

　通告を受けた市町村，児童相談所は速やか（原則として48時間以内）に目視による安全確認や調査を行う。立入調査や一時保護，判定等専門的な対応が必要と考えられる場合，市町村は児童相談所に送致し，児童相談所が対応することになる。

　児童相談所は，社会的養護児童と同様に，必要に応じて，保護者に対する援助・指導や，児童福祉施設や里親への措置，小規模住居型児童養育事業（ファミリーホーム）に対する委託をおこなう。

　調査や援助に関する親権者の同意が得にくい場合等においては，立入調査（児童福祉法第29条）や都道府県児童福祉審議会の意見聴取（児童福祉法第27条第6項），家庭裁判所への施設等利用承認の家事審判請求（児童福祉法第28条），親権者に対する親権喪失宣告および親権停止の請求（児童福祉法第33条の7，民法第834条）などを行うこともある。

　2008年度からは，①子ども虐待が疑われる場合の子どもの安全確認をめぐる保護者に対する出頭要求，②立入調査，再出頭要求が拒否された場合に，子どもの保護を目的として，裁判所の許可状に基づき家庭に対する臨検・捜索をおこなう仕組みの制度化，③被虐待児童に対する保護者の面会・通信の制限の強化，④つきまといの禁止措置，も実施されている。さらに，2012年度には，親権の一時停止制度も創設された。施設入所後の親権者からの不当な要求に対応する施設長の権限の強化や未成年後見制度改正も施行され，子ども虐待への対応は強化されている。図11－4（次頁）は，これらの基本的な流れを示している。

子ども虐待支援の視点と取り組み

　子ども虐待に関する取り組みは，第1次予防としての発生予防対策，第2次予防としての早期発見・早期対応と，それを受けての重度化・深刻化の予防（第3次予防），第4次予防としての再発予防の大きく4つの枠組みで実践されている。当然のことながら，それぞれは独立したものではなく，相互に深く関連している（図11－5，次頁）。

　発生予防に対する取り組みは，制度的には啓発活動や子育てコンピテンスの向上をめざした親支援講座などがある。発生予防と早期発見・早期対応の双方が期待される社会制度の中で，比較的普及しているものとしては，第8章で紹介した地域子育て支援拠点事業がある。しかし，この事業は子ども虐待の発生予防としての期待は高いが，子育て支援全般にかかわるものであり，虐待予防

図11 - 4　児童虐待防止法に基づく，出頭要求から臨検・捜索の基本的流れ

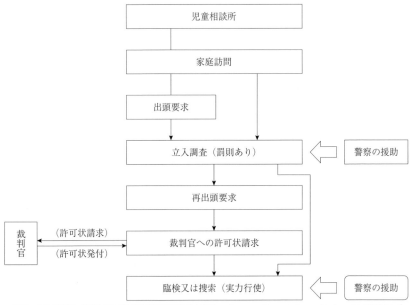

資料：厚生労働省（2013）「子ども虐待対応の手引き」（https://www.mhlw.go.jp/bunya/kodomo/dv12/00.html）
　　　をもとに筆者作成。

図11 - 5　予防の循環

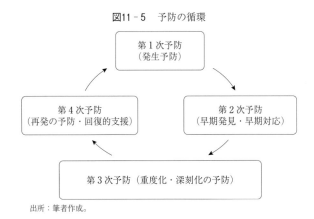

出所：筆者作成。

に特化してその成果を明確にすることは困難である。発生予防全般に通ずることであるが，対照群を倫理的に設けることができないため，有効性の評価方法が確立しておらず，必ずしも十分な成果を発揮しているとはいえない状況にある。発生予防以上に，制度・政策上の変化や実践の成果が着実に蓄積されているのが，重度化・深刻化の予防に関する領域である。重度化・深刻化の予防は，①早期発見・早期対応，②親子関係の再構築を含む適切な対応策の開発，③開発された対応策の実践と質的向上，などの段階に分けることができる。

　早期発見・早期対応には，①虐待の可能性のある親自身の気づきと，相談などの社会制度の利用意識の高揚，②相談しやすい社会制度あるいは市民制度づくり，③支援者および支援資源個々の発見力や早期対応力の向上，④社会的支援資源のネットワーク化などの領域，などがある。具体的には，①市民意識の高揚，市町村の相談窓口強化，児童家庭支援センターの整備など，発見や相談窓口の充実，②こんにちは赤ちゃん事業，地域子育て支援拠点事業，子育て支援短期利用事業など，市町村を主体とする在宅福祉サービスの充実，③保育所等を活用した相談や交流の場の提供，④市町村保健センターなどによる乳幼児健診の体制整備，⑤児童委員・主任児童委員などの既存の子ども家庭福祉制度の拡充，⑥NPO活動などの新たな市民資源の積極的活用，⑦要保護児童対策地域協議会の設置と充実，などの取り組みが求められる。

　重度化・深刻化の予防の第2段階は，要保護児童等への対応である。ここでは，国内外で開発された，NP（Nobody's Perfect），SoSA（Signs of Safety Approach），CSP（Common Sense Parenting），MY TREE ペアレンツ・プログラムなどの支援手法による，親や子ども自身の対処能力の向上を意図した在宅福祉サービスへの取り組みが著しく進んでいる。一方，親子分離が必要な場合の取り組みには，①分離の判断のためのアセスメントツールの開発，②臨検，立入調査，親権の制限等，児童福祉法第28条に関連する制度整備，③子どもの生活の場となる社会的養護サービスの改善，などがみられる。

　再発予防に関する取り組みもまた，必要性が主張されているにもかかわらず，研究も実践も，必ずしも充実していない領域である。とりわけ，日常的な社会

的養護サービスから解除されたものに対する取り組みがきわめて重要であるが，個人情報保護制度や申請主義のサービス提供システムが，その障壁の一部となっている。

4 子ども虐待支援の課題

　子ども虐待の支援においては，当然のことながら，発生させないことが最大の課題であるが，現実にはこれは不可能に近いといわざるを得ない。そうすると，早期発見，早期対応による深刻化の予防が最も現実的な取り組みとなる。

　虐待の危険から子どもを救済することは重要であるが，それは，虐待者との分離に目的があるのではない。あくまでも親子が，できるだけ一緒に生活ができるようにすること，それが困難な場合であっても，親子の心理的関係をできるだけ保ちながら生活できるようになることを目標にして支援する必要がある。

　虐待を受けた子どもの多くが心に深い傷を負うことになる。その結果，自己肯定感を喪失したり，自暴自棄になったりすることも少なくない。このような子どもの心の傷を癒やすためには，時間をかけた心理的なケアが必要である。

　虐待をする親自身も，自分自身の子ども時代の経験から，暴力的な子育てや子どもの心を傷つけるような方法でしか対応できない状況になっている場合や，家族や社会からの孤立や焦りのなかで，虐待を起こしてしまう場合もある。また，親の知的あるいは精神的な障がいさらには精神的不安などにより，このような行動にでる場合もある。親子の関係を再構築するには，親への適切な支援も必要である。

注
(1) 児童虐待等要保護事例の検証に関する専門委員会「子ども虐待による死亡事例等の検証結果等について」（各年版）。
(2) 児童虐待防止法の規定は，保護者との関係のみを対象としており，学校や，退所後子どもが働いている職場等での行為までは含まれない。また，2020年4

月から「体罰禁止」に関する規定が施行となった学校における体罰の禁止は，学校教育法第11条に規定されている。体罰と懲戒および正当防衛と正当行為との峻別等は，「体罰の禁止及び児童生徒理解に基づく指導の徹底について」（2013年３月，文部科学省通知）において，具体的に示されている。

(3)　周囲の関心を自分に引き寄せるために，虐待者自身がケガや病気を捏造する症例。自分自身におこなう場合をミュンヒハウゼン症候群，身近なものを代理（proxy）としておこなう場合を代理ミュンヒハウゼン症候群という。

第12章

心理的支援の必要な子ども・少年非行と子ども家庭福祉

・・・

1 心理的支援の必要な子どもと子ども家庭福祉

心理的支援の必要な子どもの状況

(1)児童心理治療施設の動向

心理的支援の必要な子どもに対応する施設は児童心理治療施設である。児童心理治療施設は，児童福祉法制定時にはなかった施設で，1962年に情緒障害児短期治療施設として法定化された。2016年の法改正で，2017年4月から現在の名称となった。ほぼ5年ごとの動向をみると，緩やかには増加傾向にあったものの大幅な伸びを示していなかった施設数が，2000年代の前半から大幅に増加した（図12-1，次頁）。これは，虐待を受けたり，発達障がいがあったりなどで，心理的な支援の必要な子どもが増えたことと関係している。また，母子保健計画である「健やか親子21」で全都道府県に設置という目標が掲げられたことも関連していると考えられる。ただし，増えたとはいうものの全国で50か所強にすぎず，全体としては不足している。また，未設置の都道府県や政令指定都市も少なくない。利用している子ども数も急増し，現在では1,400人を超える状況となっている。

(2)児童心理治療施設利用児の状況

児童心理治療施設の利用児の年齢は，小学生相等3割台半ば，中学生相等4割強，高校生相等2割台半ばである。

心身の状況では，何らかの障がい等があるものが8割を超える。これは，調査対象の施設等のなかで最も高く，第2位の児童自立支援施設6割，第3位の

図12-1　児童心理治療施設の動向

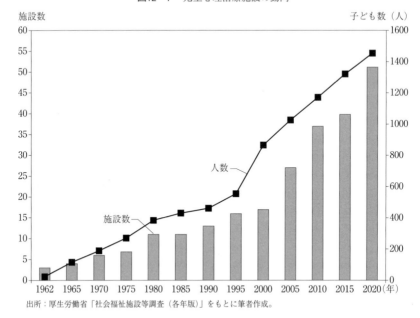

出所：厚生労働省「社会福祉施設等調査（各年版）」をもとに筆者作成。

母子生活支援施設5割台半ばとの差は大きい。ちなみに児童養護施設は3割台半ばである。

　障がい等の内容（複数回答）は，広汎性発達障がい，ADHD（注意欠陥多動性障がい），反応性愛着障がい，などが多くなっている（図12-2）。また，児童養護施設などの他の児童福祉施設から措置変更で入所してくるものが4割以上あることも児童心理治療施設の特徴である（厚生労働省，2018年2月現在）。

心理的支援の必要な子どもへの福祉の目的

　児童福祉法において心理的支援の必要な子どもに関する定義はなされておらず，心理上あるいは行動上の問題を有し，社会的支援が必要なものといった程度の枠組みで，広くとらえられている。発生原因も，器質的に起こっていると考えられるものもあれば，社会関係のなかで起こっているもの，あるいは両者の重なりのなかで起こっていると考えられるものもある。

図12-2　児童心理治療施設の利用児の状況（複数回答）

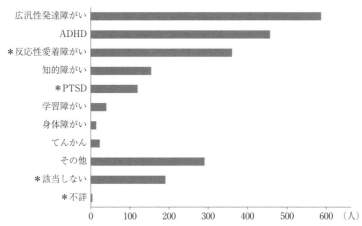

注：＊は以前の項目になかったもの。
出所：厚生労働省子ども家庭局（2020）「児童養護施設入所児童等調査の概要」をもとに筆者作成。

　心理的支援の必要な子どもへの福祉施策は，このような心身状況にある子どもの心の回復を図り，その子ども本来の生活を取り戻すことができるように援助することを目的としている。

心理的支援の必要な子どもへの福祉の推進体制

　心理的支援の必要な子どもの背景は非常に多様である。したがって，その推進体制も必ずしも福祉施策が中心にあるわけではなく，中心が医療であったり，教育であったり，心理であったり，それらが協働的におこなわれていたりする。
　福祉部門に限定して考えると，基本的には市町村の家庭児童相談室，保健センターなどが中心になって対応している。入所ケア，あるいはより専門的なケアや判定が必要な場合には，児童相談所が対応する。

心理的支援の必要な子どもへの主な福祉施策

　心理的支援の必要な子どもに固有の福祉サービスは，児童心理治療施設のみである。児童心理治療施設は，「家庭環境，学校における交友関係その他の環

境上の理由により社会生活への適応が困難となった児童を，短期間，入所させ，又は保護者の下から通わせて，社会生活に適応するために必要な心理に関する治療及び生活指導を主として行い，あわせて退所した者について相談その他の援助を行うことを目的とする施設」（児童福祉法第43条の２）とされている。

　心理的支援の必要な子どものみを対象とするわけではないが，重なりがみられる施策として教育分野の取り組みがある。

　教育分野の取り組みの一つは，スクールカウンセラーの配置である。スクールカウンセラーは，不登校・いじめ・問題行動への適切な対応などを目的として，学校への配置が進んでいるカウンセリングの専門家で，学校の児童生徒，教職員および保護者からの相談に応じている。

　もう一つの大きな試みは，特別支援教育である。特別支援教育とは，障がいなど特別な支援を必要とする児童生徒の自立や社会参加に向けて，一人ひとりの教育的ニーズを把握して，その力を高め，生活や学習上の困難を改善または克服するために，適切な教育や指導を通じて必要な支援をおこなうものである。ここでいう障がいなどのある児童生徒とは，従来，特別支援教育が対象としてきたものだけでなく，LD（学習障害），ADHD，高機能自閉症など，発達障がいといわれるものを含めてとらえられている点が特徴である。

心理的支援の必要な子どもへの福祉の課題

　心理的支援の必要な子どもにかかわる福祉施策の課題は，まず市町村レベルでの固有性の確立にある。心理的支援の必要な子どもへの福祉施策の多くは，母子保健施策，保育施策，要養護児童福祉施策，被虐待児福祉施策など，これまでの各章で紹介してきた施策のなかに含まれている。とりわけ，固有のサービスが少ないなかで，本来は心理的支援の必要な子どもとしての対応が望ましいと意識されているにもかかわらず，要養護児童福祉施策および被虐待児福祉施策のなかで，援助を受けているものも少なくない。すなわち，固有の領域が形成されておらず，常に何かの施策に付帯されている状況にあるということである。近年では，発達障がいへの関心が高まり，主軸はむしろそちらに動いた

感じさえある。

　第2は，量的な充実である。母子保健などに関わる国の計画である「健やか親子21」では，児童心理治療施設を全都道府県に設置することが提言されていた。児童心理治療施設の推進体制が，児童相談所を中心としていることからすると，都道府県と政令指定都市および児童相談所設置市はそれぞれ独立して考えられるので，少なくとも約60施設が必要であるという提案であった。ところが，これを継承した「健やか親子21（第2次）」（計画期間：2015〜2024年度）では，目標値をたてず，参考指標とされている。

　第3は，質的な充実である。児童心理治療施設は，心理療法担当職員が複数配置された，専門性の高い施設である。しかしながら，心理療法担当職員といえども，その養成課程のなかで，心理的支援の必要な子どもに関する専門性を中心に学習や経験を積んできたものは必ずしも多くない。ましてや，そのような子どもが集団で，かつ24時間生活をともにしているという状況には，未経験者が多いはずであり，心理療法担当職員にも，新たな視点での現任研修とスーパーバイズが必要となる。このことは，生活面のケアをおこなう児童指導員や保育士においても同様である。

　第4は，保健分野，教育分野との連携の強化である。とりわけ，教育分野との連携は重要な課題である。心理的支援の必要な子どもの問題は，学齢期に顕在化するものが多く，発見から福祉サービスへのつなぎの機能だけでなく，直接的な援助機関としても，学校をはじめとする教育機関の果たす役割は大きいと考えられる。

2　少年非行と子ども家庭福祉

少年非行の状況

(1)少年犯罪の状況

　少年犯罪あるいは少年が被害に遭う犯罪に関する報道が，マスコミを賑わしている。少年犯罪の凶悪化を前提とした少年法の改正も何度かおこなわれてい

る。では，実際には，少年犯罪はどのような状況になっているのか。

　警察が検挙した刑法犯（凶悪犯，粗暴犯，窃盗犯，知能犯，風俗犯など）の人数は，非行の第3の波と呼ばれた1980年から1990年頃の20万人弱が戦後のピークであり，近年は2万人を割り込んでいる。とりわけ，1990年代半ばから約10年間続いた第4の波以降の減少は，実数においても減少率においても著しく，期間も長期にわたっている。少年法の対象である20歳未満の人口1000人あたりの検挙率も同じような傾向であり，現在は，検挙人数，人口比ともに，戦後最も低い状況にあり，一般に報道されているような少年犯罪の増加はみられない（図12-3）。

　凶悪化についてはどうか。図12-4は，少年による凶悪犯（殺人，強盗，放火，強姦）件数および人口比（20歳未満の人口千対比）の推移である。凶悪犯については，1960年前後の約10年間は年間5,000件を超えていたが，その後急減している。2000年前後に少し山があるが，これもせいぜい2000件で，2008年には1,000件を割り，現在は500件程度にとどまっている。人口比でみても，ピーク時は40を超えていたものが，現在10程度である。ちなみに，殺人犯は，1967年までは年間300人を超えていたが，その後，凶悪犯の発生と同じような状況をたどり，2008年以降は，多い年で60人，少ない年は30人台前半にとどまっている。すなわち，凶悪化も進んでいないということである。

(2)児童自立支援施設の動向

　児童自立支援施設は，戦前，少年教護院と呼ばれていたものが，児童福祉法制定時に教護院となり，1997年の児童福祉法改正時に，現在の名称となった。都道府県（政令指定都市，児童相談所設置市を含む）で設置が必要であり，施設数は戦後の一時期を除いて，ほとんど変化がない（図12-5，次々頁）。利用している子ども数は1960年頃をピークに急減し，現在では1,500人を割っている。定員はほとんど削減していないため，入所率は4割程度で推移している。

(3)児童自立支援施設利用児の状況

　児童自立支援施設の利用児の年齢は，小学生相等20.9%，中学生相等70.9%，中学校卒業以上相等8.2%であり，中学生相等の利用者が圧倒的に多い。（厚生

図12‐3　少年による刑法犯検挙人数および人口比の推移

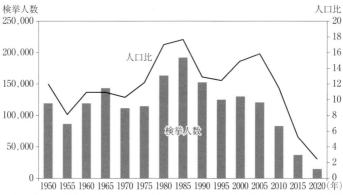

出所：警察庁生活安全局少年課（2021）「令和２年中における少年の補導及び保護の概況」をもとに筆者作成。

図12‐4　少年による凶悪犯件数および人口比の推移

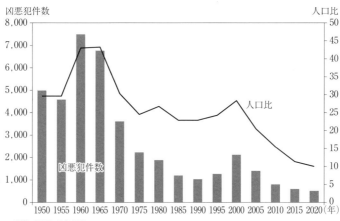

出所：図12‐3と同じ。

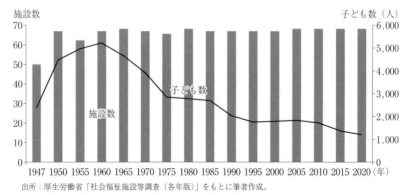

図12-5　児童自立支援施設の動向

出所：厚生労働省「社会福祉施設等調査（各年版）」をもとに筆者作成。

労働省，2020年）。

　入所期間は，１年未満が50.1％，３年未満でみると94.5％，平均入所期間は1.1年で，社会的養護関係施設等のなかでは，自立援助ホーム（0.1年）とともに最も短い。

　児童自立支援施設利用児の特徴の一つは，家庭からの入所が６割程度で最も多いとはいうものの，他の入所経路も少なくないということである。例えば児童養護施設からの措置変更によるものは14.7％，家庭裁判所からの保護処分等で入所するものも12.5％ある（厚生労働省，2018年２月）。

非行少年福祉の目的と推進体制

　非行少年福祉の目的は，犯した事実以上に，子どものその後の人生を考え，環境を含めた生活をどう修正するかが重要である。したがって，その対応も刑罰主義あるいは応報主義ではなく，教育的，環境調整的なものが求められる。非行行為においては初期対応の重要性が指摘されており，補導後に，一人ひとりの子どもたちに対して，社会がどのように関わるかが重要となる。

　非行少年福祉の推進は，児童福祉法および少年法を中心に行われる。児童福祉法では，児童相談所を核とした対応がなされるが，予防的あるいは初期的な対応においては，教育部門を含む，市町村の果たす役割が大きい。少年法では，

家庭裁判所を核とした対応がなされる。

　非行事実の内容や背景によっては，当然のことながら三者の緊密な連携が必要となる。また，これらに関連する機関である警察，少年補導員，児童委員・主任児童委員，保護司など，公私の地域機関の果たす役割も重要である。

主な非行少年福祉施策

(1)児童自立支援施設

　児童自立支援施設は，国，都道府県および政令指定都市に設置されており，ほとんどは公立施設である。かつて児童自立支援施設の多くでは，小舎夫婦制と呼ばれる，一組の夫婦が寮舎に住み込み，10人前後の子どもたちのケアを行うという体制をとっていたが，今日ではこのような体制は崩れ，夫婦以外の組み合わせ，交代勤務の導入など，多様なケア形態になっている。主な職員は，児童自立支援専門員，児童生活支援員である。

　児童自立支援施設は児童福祉法上の施設であり，児童相談所の措置によって利用が決定するが，少年法に基づき，家庭裁判所の審判を経て，保護処分として入所するものもある。

　利用している子どもは，非行を犯したものやそのおそれの高いものであることは事実であるが，保護者から虐待を受けていたものも2割近く存在する。また，同様の事情にあるものでも，児童養護施設や児童心理治療施設でケアを受けているものもかなり多く，どの施設を利用するかは，児童相談所が問題の背景やその後の状況をアセスメントして決める。

(2)少年法による原則的な対応

　少年法では，少年（20歳未満のもの）を，ぐ犯少年（18歳未満で，性格や環境に照らして，将来，罪を犯したり，刑罰法令に触れたりする行為をするおそれのあるもの），触法少年（14歳に満たないで刑罰法令に触れる行為をしたもの），犯罪少年（14歳以上で刑罰法令に触れる行為をしたもの）の3つに分けている。原則的な対応は，ぐ犯少年は，案件によって児童相談所または家庭裁判所の双方，触法少年はまず児童相談所，犯罪少年はまず家庭裁判所が取り扱う。

　家庭裁判所では審判が行われる。審判に際しては，事前に家庭裁判所調査官による調査が行われる。また，必要がある場合，観護措置がとられることもある。このような手続きを経て，審判を開始するかどうかが決定される。また，児童相談所や検察官への送致という決定もある。審判が開始されると，不処分（保護処分の必要性がないという判断），保護観察所での保護観察，児童自立支援施設または児童養護施設への送致，児童相談所への送致，少年院送致などが決定される（図12-6）。

(3)少年鑑別所

　少年鑑別所は，少年鑑別所法の制定に伴い，少年法に基づく設置から移管されたものである。鑑別とは，医学，心理学，教育学，社会学などの専門的知識や技術に基づき，非行等に影響を及ぼした資質上，環境上問題となる背景を明らかにし，適切な指針を示すことをいう。家庭裁判所と少年鑑別所との関係は，児童相談所と一時保護所との関係に類する部分がある。

　少年鑑別所は，①家庭裁判所の求めに応じ少年の鑑別を行うこと，②観護措置として少年鑑別所に収容される者などに対し，健全な育成のための支援を含む観護処遇を行うこと，③地域社会における非行及び犯罪の防止に関する援助を行うこと，などを業務としている。

(4)少 年 院

　少年院は，少年院法に基づいて設置される機関で，2015年6月までは，初等少年院，中等少年院，特別少年院，医療少年院という枠組みであったが，現在は，第一種少年院，第二種少年院，第三種少年院，第四種少年院の4種別となっている。それぞれの対象は，資料12-1の通りである。

　4種別という枠組みは変わらないが，その内容は，初等少年院では「おおむね16歳未満」を上限としていた入所年齢が23歳まで延長されたこと，保護処分ではなく，「刑の執行」としての第四種少年院が新たに設けられたことなどを特徴とする。

　犯罪少年に対応する施設としては，刑事収容施設及び被収容者等の処遇に関する法律に基づき，刑事施設の一つとして設置される少年刑務所がある。少年

図12-6　非行傾向のある子どもへの対応の主たる流れ

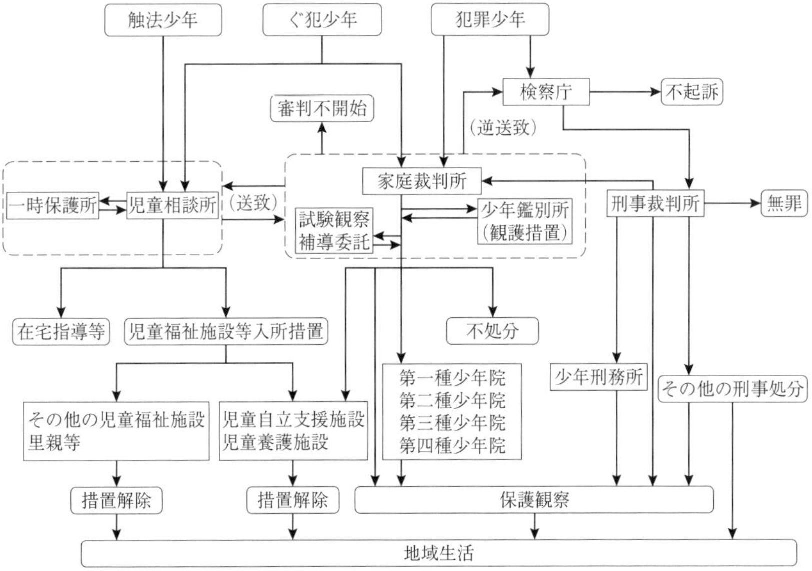

出所：筆者作成。

資料12-1　少年院の種別と対象

第一種少年院	心身に著しい障がいがない，おおむね12歳以上23歳未満のもの
第二種少年院	心身に著しい障がいがない，犯罪的傾向が進んだおおむね16歳以上23歳未満のもの
第三種少年院	心身に著しい障がいがある，おおむね12歳以上26歳未満のもの
第四種少年院	少年院において刑の執行を受けるもの

刑務所は，刑の執行機関であり，従来はこの点で，教育機関としての少年院との棲み分けが図られていた。しかしながら，第四種少年院の新設により，両者の境界は今まで以上に曖昧になっている。

(5)保護観察

　保護観察は，更生保護法に基づき，保護観察処分少年，少年院仮退院者，仮釈放者，保護観察付執行猶予者，婦人補導院仮退院者を対象として，地域社会

での生活を営みながら，更生をめざして行われるものである。保護観察所，地方更生保護委員会，保護観察官，保護司などが協働して，指導監督および補導援護を行う。

非行少年福祉の課題

　非行少年福祉は，子ども家庭福祉のなかでも古くから取り組まれている分野であり，多くの成果がみられる。しかしながら，問題の背景や質が時代とともにさまざまに変化しており，新しい課題が常に存在する状況にある。今日的な課題としては，以下のようなものがある。

　第1は，地域次元の予防，初期対応のためのネットワークの構築である。非行問題の多くは突然起こることは珍しく，初期的な動きが必ずといっていいほど存在する。子どもがまったく外在的な理由なしに，非行に走ることは珍しい。問題行動は，家族との関係，友だちとの関係，学校との関係など，子ども自身と環境との関係のなかで発生する。問題への援助の過程では，当然のことながらその関係の改善が一つのターゲットになる。したがって，このような環境間の関係，ネットワークを構築することが重要な課題となる。要保護児童対策地域協議会は，設置当初より少年非行問題にも対応するものとされていたが，実際には多くが，子ども虐待問題を中心に展開しており，この点を改善していく必要がある。

　第2は，児童自立支援施設の活性化である。児童自立支援施設の入所率は4割程度にすぎない。児童養護施設の入所率が急上昇しているなかで，児童自立支援施設の対応力は弱いといわざるを得ない。必要にもかかわらず，十分に活用されていない原因を究明し，必要なケアを提供していくことが求められる。

　第3は，児童心理治療施設と少年法との関係である。非行少年援助において，こころのケアが重要な意味をもつケースが増えてきている。また虐待が非行に結びついている事例も少なくない。現に，児童自立支援施設の入所児の約2割が虐待を受けた子どもとなっている。ところが少年法では，家庭裁判所が直接指定できる児童福祉施設として，児童自立支援施設と児童養護施設しか想定し

ていない。児童心理治療施設は，心理的ケアの充実した施設であり，非行少年福祉の一端を担うものとして位置づけていくことが考えられる。

　第4は，少年犯罪の考え方である。先に統計で示したように，少年犯罪は近年減少している。少年による凶悪犯罪も同様である。一方で，少年法がより厳罰化の色彩を強めており，社会的にもそれを評価する声がある。さらに，公職選挙法の改正により選挙権が18歳以上になったことに伴い，少年法もそれに合わせ改正するか否かの議論が行われた結果，18歳から20歳未満の少年を特定少年と呼び，犯した行為によって，一部厳罰化が図られることになった。少年法は広義の教育による更生をめざすものであったが，少年法の実質的な中身の変化，さらには少年法の適用年齢の引き下げは，このような伝統的な考え方を変化させるものである。これをどのように考えるかも重要な課題である。

　第5は，アフターケアあるいは更生保護の問題である。非行少年のなかには，複雑な家庭事情にあったり，親子関係が崩れているものが少なくない。子どもの生活支援において家庭の協力は重要であるが，親子双方の事情で，短期的にはこれが期待できない家庭があるということである。そうすると，公式，非公式の社会的ケアが必要ということになる。

第13章

子どもの貧困・ひとり親家庭と子ども家庭福祉

● ● ●

1 子どもの貧困と子ども家庭福祉

子どもの貧困を取り巻く状況

(1)国際比較でみる子どもの貧困率

子どもの相対的貧困率は，等価可処分所得の中央値の50％（貧困線）以下の所得で暮らす18歳未満のものの割合で示される。OECDによれば，2016年頃の状況でいうと，日本の子どもの貧困率は13.9％で，42か国中第20位となっている（図13‐1，次頁）。

(2)ひとり親世帯の貧困率

子どもの貧困が典型的に表れるのが，ひとり親世帯である。子どもがいる現役世帯の貧困率が全体では1割台前半であるのに対し，大人が一人の世帯では，5割に近い高い水準になっている（図13‐2，次頁）。世帯の中に大人が一人しかいないということは事実上，ひとり親世帯を指している。

(3)要保護児童生徒数・準要保護児童生徒数・就学援助率

家計の厳しさは，学齢期の子どもに関するデータにも表れている。図13‐3（次々頁）は，要保護児童生徒数，準要保護児童生徒数，就学援助率を示したものである。要保護児童生徒とは，生活保護受給世帯の子ども，準要保護児童生徒とは，要保護児童生徒に準ずるものとして，市町村教育委員会がそれぞれの基準に基づき認定した子どもをいう。就学援助率は，公立小中学校全児童生徒数に対する要保護および準要保護児童生徒数の割合をいう。

要保護児童生徒と準要保護児童生徒を合わせた人数は，2011年度をピークに

図13‒1　国際比較でみる子どもの貧困率（2016年）

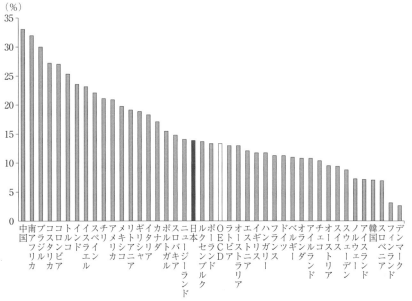

出所：OECD（2020）「Family Database」をもとに筆者作成。

図13‒2　ひとり親世帯の貧困率

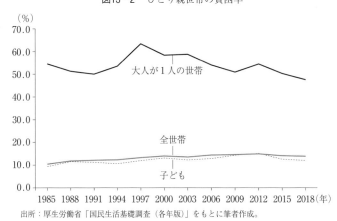

出所：厚生労働省「国民生活基礎調査（各年版）」をもとに筆者作成。

図13 - 3　要保護児童生徒数・準要保護児童生徒数・就学援助率

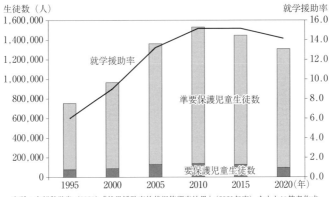

出所：文部科学省（2021）「就学援助実施状況等調査結果」（2021年度）をもとに筆者作成。

減少傾向となり，2020年度には132万人となった。その結果，就学援助率も，徐々に低下している。

子どもの貧困対策

　バブル景気（1986〜1991年）崩壊以降の日本の景気動向を，「失われた20年」と表現されることがある。この間，景気は著しく低迷し，企業の倒産，合併，企業経営の外資移行などが進んだ。その結果，失業者，不安定就労者，路上生活者などが増加し，国民の生活は疲弊した。

　ホームレスの自立の支援等に関する特別措置法（2002年）などにより，生活の安定策が構じられ，徐々に景気の改善が図られていくなか，2013年，子どもの貧困対策の推進に関する法律が超党派の議員立法として成立し，翌年から施行された。この法律では，国に対して，子どもの貧困対策大綱策定の義務，都道府県に対して，子どもの貧困対策についての計画（子どもの貧困対策計画）策定の努力義務を課している。

　子どもの貧困対策の推進に関する法律の規定に基づいて閣議決定されたのが，「子供の貧困対策に関する大綱について」（2014年，2019年改訂）である（**資料13**－1，次頁）。この大綱は，子どもの貧困対策の推進に関する法律に基づく施策

資料13－1　子供の貧困対策に関する大綱（2019）の概要

【目的および理念】
・現在から将来にわたって，全ての子供たちが前向きな気持ちで夢や希望を持つことのできる社会の構築を目指す。
・子育てや貧困を家庭のみの責任とするのではなく，地域や社会全体で課題を解決するという意識を強く持ち，子供のことを第一に考えた適切な支援を包括的かつ早期に講じる。

【基本方針】
・親の妊娠・出産期から子供の社会的自立までの切れ目ない支援
・支援が届いていない，又は届きにくい子供・家庭への配慮
・地方公共団体による取組の充実　　　　など

【子供の貧困に関する指標】
・生活保護世帯に属する子供の高校・大学等進学率
・高等教育の修学支援新制度の利用者数
・食料又は衣服が買えない経験
・子供の貧困率
・ひとり親世帯の貧困率　　　　など計39項目

【指標の改善に向けた重点施策】
・教育の支援（7事業）
・生活の安定に資するための支援（7事業）
・保護者に対する職業生活の安定と向上に資するための就労の支援（3事業）
・経済的支援（3事業）

推進の理念を示すとともに，推進課題を明確にしている。

　2013年には，生活困窮者自立支援法（2015年施行）も成立している。この法律は，生活保護や生活困窮に至る前で，自立が見込まれるものを対象とし，官民協働による地域の支援体制を構築し，生活困窮者の自立の促進に関し，包括的な事業（生活困窮者自立支援事業）を実施するものである。

子どもの貧困対策の課題

　子どもの貧困対策の課題は，大綱に示す課題に集約されるが，その意味は大きく4点ある。

　第1は，今，貧困である状態への対応である。経済的支援はそれを最も典型的に示すものであり，具体的には，生活保護，税の減免，ひとり親家庭への経済給付などがこれにあたる。

　第2は，貧困をもたらしたのは親の生活であるという視点から，保護者への

支援である。保護者の就労支援，労働環境の改善などがこれに該当する。

　第3は，子どもを貧困から脱却させるための手立てである。親の経済面の回復を通じた支援は短期的には困難を伴う。その間に子どもは成長してしまい，十分な教育の機会を失うことも考えられる。これが貧困の連鎖を生むことにもなる。社会的養護のもとで生活している子どもたちの場合もこれは同様である。

　第4は，社会全体でこのような状況に対応する施策体系と実践体系を考えることである。そのための調査研究や実施体制が課題となる。

2　ひとり親家庭と子ども家庭福祉

ひとり親家庭の現状

(1)ひとり親家庭数

「全国ひとり親世帯等調査」（厚生労働省，2016年調査）によると，全国に約141.9万（母子家庭123.2万，父子家庭18.7万）のひとり親世帯が存在すると推計されている。この調査は，ほぼ5年間隔で定期的におこなわれているものであるが，定義の変更が途中であったとはいうものの，ひとり親家庭は，着実に増加していることがわかる（表13‐1，次頁）。

(2)ひとり親家庭になった理由

　母子家庭になった理由は，かつては死別が多くを占めていたが，1978年度調査で離別と並び，現在では9割以上が離別を理由とするものとなっている。さらに離別を理由とするもののうちの9割弱（全体の8割）は離婚を理由とするもので，残るほとんどは未婚の母である。

　父子家庭もほぼ同様の傾向であるが，死別を理由とするものが母子家庭に比べて多くなっている。両者の違いは，再婚への意欲や，子どもの養育者を求める割合などによるものと考えられる。

(3)ひとり親家庭の経済状況

　経済状況では，母子家庭と父子家庭で，かなりの差が出ている（表13‐2，次頁）。平均年間収入は，母子家庭348万円（家族員数3.29人），父子家庭573万円

表13-1　ひとり親家庭になった理由

【母子家庭】

年　次	総　数 （推計値）	死　別		離　別			不　詳
				離　婚	未婚の母	その他	
1967年	515,400	77.1	22.9	―	―	―	―
1973	626,200	61.9	38.1	26.4	2.4	9.3	―
1978	633,600	49.9	50.1	37.9	4.8	7.4	―
1983	718,000	36.1	63.9	49.1	5.3	9.5	―
1988	849,200	29.7	70.3	62.3	3.6	4.4	―
1993	789,900	24.6	73.2	64.3	4.7	4.2	2.2
1998	941,900	18.7	79.9	68.4	7.3	4.2	1.4
2003	1,225,400	12.0	87.8	79.9	5.8	2.2	0.2
2006	1,151,000	9.7	89.6	79.7	6.7	3.1	0.7
2011	1,237,700	7.5	92.5	80.8	7.8	3.9	―
2016	1,232,000	8.0	91.1	79.5	8.7	2.9	0.9

【父子家庭】

年　次	総　数 （推計値）	死　別		離　別		不　詳
				離　婚	それ以外	
1983年	167,300	40.0	60.1	54.2	5.8	―
1988	173,300	35.9	64.1	55.4	8.7	―
1993	157,300	32.2	65.6	62.6	2.9	2.2
1998	163,400	31.8	64.9	57.1	7.8	3.3
2003	174,800	19.2	80.2	74.2	5.9	0.6
2006	241,000	22.1	77.4	74.4	3.0	0.5
2011	223,300	16.8	83.2	74.3	8.8	―
2016	187,000	19.0	80.0	75.6	4.5	1.0

資料：厚生労働省「全国ひとり親世帯等調査（各年版）」。定義が一定でないため，推計値は必ずしも単純には比較できない。

表13-2　ひとり親世帯の経済状況

	母子家庭	父子家庭
就業状況	81.8	85.4
正規雇用	44.2	68.2
自営業	3.4	18.2
パート等	43.8	6.4
平均年間世帯収入（万円）	348	573
母（父）就労収入	200	398

注：内訳は，「その他・不詳」を記載していない。
資料：厚生労働省（2017）「全国ひとり親世帯等調査」（2016年調査）。

（同3.65人）で，2011年度調査に比べると，両者の差は少し縮まったが，まだ220万円以上の差がある。家族員数が0.36人違うとはいうものの，母子家庭の生活の苦しさを表していると考えられる。また，父子家庭，母子家庭ともにパート等の非正規雇用がふえていることも特徴である。

しかしながら，父子家庭に十分な経済基盤があるというわけではない。父子家庭の平均年間収入は，国民生活基礎調査による児童のいる世帯の平均収入を100として比較すると，81.0に過ぎない。母子家庭の場合はさらに低く，49.2と半分以下になっている。

ひとり親家庭の場合，別れた親からの養育費も重要な経済資源である。同じく，全国ひとり親世帯等調査で，養育費の取り決め状況をみると，「取り決めをしている」のは母子家庭42.9％（2011年度調査：37.7％），父子家庭20.8％（同17.5％）となっている。とりわけ，協議離婚の場合，取り決め率が，母子家庭37.8％，父子家庭16.4％と低い。取り決めをしていない理由は，相手に支払う意思や能力がない，相手とかかわりたくない（母子家庭），自分の収入等で経済的に問題がない（父子家庭）などが比較的高くなっている。ちなみに，調査時点で継続的に養育費を受け取っているのは，母子家庭で24.3％，父子家庭では3.2％に過ぎない。

ひとり親家庭の定義

ひとり親家庭とは，母子家庭および父子家庭の総称である[1]。法律や制度によって，その定義は異なる。ひとり親家庭の福祉に関する代表的な法律である，母子及び父子並びに寡婦福祉法と児童扶養手当法におけるひとり親家庭の定義では，子どもの年齢も，内容も少し異なる（**資料13-2**，次頁）。

母子及び父子並びに寡婦福祉法は，2014年，母子及び寡婦福祉法を改正して成立したものである。この法律は，従来より一部施策においては父子家庭を含むものであったが，法律名にはこれが反映していなかった。2014年，法律名を変更し必要な修正を加えることで，ひとり親家庭および寡婦家庭を含む総合的な法律に生まれ変わった。

資料13-2　代表的法律におけるひとり親家庭（母子家庭）の定義（要約）

母子及び父子並びに寡婦福祉法	児童扶養手当法
以下の，1～7のいずれかに該当する児童（20歳未満のもの）を監護する母の形成する家庭 1．配偶者（事実上婚姻関係と同様の事情にある者を含む）と死別した女子で，現に婚姻（事実上婚姻関係と同様の事情にある場合を含む）をしていないもの 2．離婚した女子で，現に婚姻をしていないもの 3．配偶者の生死が明らかでない女子 4．配偶者から遺棄されている女子 5．配偶者が海外にあるためその扶養を受けることができない女子 6．配偶者が精神又は身体の障害により長期にわたって労働能力を失っている女子 7．前各号（1～6）に掲げる者に準ずる女子であって政令で定めるもの	以下の，1～5のいずれかに該当する児童（18歳に達する日以後の最初の3月31日までの間にあるもの，または20歳未満で政令で定める程度の障害の状態にあるもの）を監護する母の形成する家庭 1．父母が婚姻を解消した児童 2．父が死亡した児童 3．父が政令で定める程度の障害の状態にある児童 4．父の生死が明らかでない児童 5．その他（1～4）に準ずる状態にある児童で政令で定めるもの

注：父子家庭はいずれも，「母」「女子」を「父」「男子」に原則置き換え。

　児童扶養手当法は，かつては離別母子家庭を主たる対象にした法律で，父子家庭は対象としていなかった。2010年の改正により，対象が「父又は母と生計を同じくしていない児童が育成される家庭」となり，父子家庭も対象となった。

　母子及び父子並びに寡婦福祉法では，寡婦家庭についても定義されている。寡婦とは，「かつて配偶者のない女子として児童（20歳未満の者）を扶養していたことのあるもので，現に配偶者のないもの」とされている。すなわち，かつて母子家庭であったもので，子どもが20歳を超えたり，死亡したりするなどによって，母子家庭でなくなったものを事実上意味している。これは，税制等にでてくる寡婦（母子家庭であった必要がない）とは異なる。

ひとり親家庭福祉施策の目的と推進体制

(1)ひとり親家庭福祉施策の目的

　ひとり親家庭になると，その母または父に，家庭を維持していく責任が集中的に課せられることになる。ひとり親家庭福祉施策は，このような責任を遂行しやすいように，環境整備をしたり，直接支援をしたりすることによって，そ

れぞれの家庭および家族員の生活の安定と，自立を図ることを目的として実施される。

　母子及び父子並びに寡婦福祉法では，国や地方自治体に対して，「母子家庭等及び寡婦の福祉を増進する責務を有する」（第3条第1項）と規定している。

　一方，母子家庭の母及び父子家庭の父ならびに寡婦に対して，「自ら進んでその自立を図り，家庭生活及び職業生活の安定と向上に努めなければならない」（第4条）と，自立に向けての努力を義務づけている。

(2)ひとり親家庭福祉施策の推進体制

　ひとり親家庭福祉施策は，母子及び父子並びに寡婦福祉法を中心に展開されている。とりわけ，自立支援には，単に福祉の意味合いだけでなく，就労の安定化や金銭給付などさまざまな側面からの支援が必要であり，支援内容によって担当する部局などは異なる。

　母子及び父子並びに寡婦福祉法では，母子家庭および父子家庭ならびに寡婦の自立を総合的に促進することを目的として，国が策定する「母子家庭及び寡婦の生活の安定と向上のための措置に関する基本的な方針」に基づき，都道府県（福祉事務所を設置する市町村を含む）に対して，自立促進計画の策定を求めている。この計画では，大きく4つの領域を示し，施策の推進を図ることとしている。

　法改正に伴い，母子家庭及び寡婦自立促進計画は，父子家庭を含めた「自立促進計画」と名称変更し，**図13-4**（次頁）のような体系となった。

　福祉サービスについては，多くが市町村を窓口とした対応となっているが，ひとり親家庭福祉施策については，計画策定をはじめ，母子生活支援施設の窓口，母子・父子自立支援員の配置など，福祉事務所レベルでの対応も少なくない。

主なひとり親家庭福祉施策

　ひとり親家庭福祉施策は，子育てと生活支援，就業支援，養育費確保支援，経済的支援の大きく4つに分けることができる（**図13-4**）。

図13−4　ひとり親家庭等の自立支援策の体系

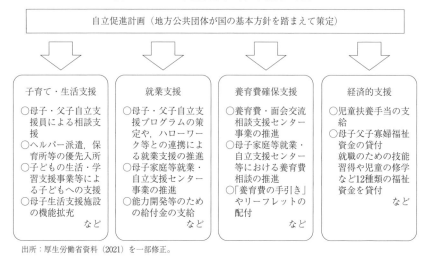

出所：厚生労働省資料（2021）を一部修正。

(1)子育てと生活支援

　子育てや生活の支援のための制度には，さまざまな相談機関，ひとり親家庭日常生活支援事業，子育て短期支援事業，生活拠点の確保などがある。

　ひとり親家庭の福祉に関する専門相談機関としては，福祉事務所が位置づけられている。福祉事務所には，非常勤の専門相談員として，母子・父子自立支援員が配置されている。母子・父子自立支援員は，ひとり親家庭の当事者から選ばれるなど，当事者の気持ちに寄り添った支援が心がけられている。

　ひとり親家庭日常生活支援事業は，ひとり親家庭の親が，自立のための資格取得や疾病等により，一時的に家事援助や保育サービスが必要となった場合に，家庭生活支援員（ヘルパー）を派遣するものである。

　子育て短期支援事業は，児童福祉法に基づくもので，社会的養護サービスの一つとして位置づけられているものである。これは，短期入所生活援助（ショートステイ）事業と，夜間養護（トワイライトステイ）事業からなっている。

　生活拠点の確保策としては，児童福祉法で，母子生活支援施設が設けられて

いる。母子生活支援施設は，2020年現在，全国に221施設あり，3,367世帯（5,626人）の親子が生活している。利用者のなかには，母に障がいがある家庭も多くなっている。また，近年では，DV被害家庭の避難場所あるいは生活拠点としても活用されている。

(2)就業支援

生活の長期的安定や自立のためには，就労による経済基盤の確立が重要である。福祉事務所に配属されている母子・父子自立支援員にも，その業務として，職業能力の開発や求職活動支援が期待されている。また，ハローワーク制度の一つとして，2006年から，マザーズハローワークが設置されている（2021年現在，全国に20か所）。

この他にも，国では，母子家庭等就業・自立支援センター事業，母子・父子自立支援プログラム策定事業，母子家庭・父子家庭自立支援給付金制度などを設け，さまざまな就業支援策を講じている。

母子家庭等就業・自立支援センター事業は，都道府県（政令指定都市，中核市を含む）を実施主体とするもので，ひとり親家庭の親に対して，就業相談や就業支援講習会の実施，就業情報の提供等，一貫した就業支援サービスを展開するものである。

母子・父子自立支援プログラム策定事業は，児童扶養手当受給者のための個別の支援計画である。これは，ハローワーク（就労支援コーディネーター）と，福祉事務所（母子・父子自立支援プログラム策定員）が協働で策定し，ハローワークに配置される就労支援ナビゲーターが個別に関わっていく，きめ細かい総合的な取り組みである。

母子家庭・父子家庭自立支援給付金制度には，就業に向けた教育訓練講座の受講料の一部負担（自立支援教育訓練給付）や，介護福祉士などの専門資格取得のための教育を受ける際に，生活費の支援がある。

(3)養育費確保支援

前述のように，離別母子家庭の多くは，養育費を最初から受け取っていなかったり，当初は支払われていてもその後，継続的に支払われていなかったりす

ることが少なくない。養育費の支払いに関しては，母子家庭等就業・自立支援センターに養育費専門相談員を配置し，離婚時の取り決めやその後の支払い継続についての法律相談なども実施されている。また，民事訴訟法等の改正により，養育費の支払いに滞納があった場合には，裁判所で所定の手続きをすることで，将来分も含めて差し押さえができるようになっている。

(4)経済的支援

　経済的支援策としては，年金，児童扶養手当，貸付金の大きく3つがある。

　ひとり親家庭を対象とした年金は，遺族（基礎）年金である。遺族（基礎）年金は，制度が定める期間，国民年金保険の保険料を納入している加入者である親が死亡した場合に，子どもが18歳を迎えた最初の3月31日（子どもに一定の障がいがある場合，20歳まで延長される）になるまで支給されるものである。年金は，国民年金が対応する遺族基礎年金に加え，厚生年金等加入者については，2階建て部分として遺族厚生年金等が支給される。

　離別や，遺族基礎年金の受給資格をみたさない状況でひとり親家庭になったものについては，児童扶養手当が支給される。子どもの要件は，遺族基礎年金と同様である。手当額は，所得に応じて10円単位で細かく設定されている。また，2010年からは，父子家庭も対象となった。支給は日本国内に住所を有することを要件としており，国籍は問われない。

　ひとり親家庭を対象とした貸付金制度としては，母子及び父子並びに寡婦福祉法で，母子福祉資金・父子福祉資金および寡婦福祉資金の貸付制度が設けられている。ひとり親等家庭の福祉資金貸付金には，事業開始資金，事業継続資金，修学資金，技能習得資金，修業資金，就職支度資金，医療介護資金，生活資金，住宅資金，転宅資金，就学支度資金，結婚資金の12種類がある。低所得者等を対象とした生活福祉資金貸付制度も利用可能である。

ひとり親家庭福祉施策の課題

　離別母子世帯の増加などもあり，ひとり親家庭福祉施策の重要性は今後ますます高まるものと考えられる。ひとり親家庭の量的な増加とそのニーズを勘案

すると，当面は次のような4つの課題があげられる。

第1は，初期の危機対応としての相談体制の整備拡充である。福祉問題は，初期対応が十分に行われると，深刻化の予防につながることが多いと言われている。母子・父子自立支援員などのひとり親家庭に特化した相談員だけでなく，民生委員・児童委員，主任児童委員など，より地域に根付いた相談員の強化とネットワーク化が求められる。

第2は，経済的・社会的自立を促進することである。年金や手当は，重要な自立のための資源であるが，その後の経済社会状況を考えると，これだけで十分とはいいがたい。したがって，多様な就労の機会の確保は必須であり，就労を可能にするような準備教育，相談事業，職場開発，就労あっせんなどが，引き続き必要である。

第3は，住宅の確保である。住宅は生活の基盤をなすものである。とりわけ，離別により母子家庭になった場合，当面の住宅確保は重要な課題となる。母子生活支援施設はその対策の一つであるが，むしろ一般住宅の確保やグループホーム的な住宅の方が，自立支援に結びつきやすいと考えられる。このような方法を取り入れると，父子家庭への対応も可能となりやすくなる。

第4は，父子家庭福祉施策の充実である。父子家庭については，就労が可能であるという前提のもとに，長い間，特化した支援策がほとんどなかった。2014年から，母子及び寡婦福祉法が改正され，母子及び父子並びに寡婦福祉法となったが，すでに独自に事業化されていた父子福祉施策でさえ，現実には，父子家庭にはほとんど届いていない状況にある。また，母子家庭ほどではないが，就労が制約されやすいこともあって，経済的に必ずしも安定しているわけではない。

さらに，母子家庭のなかにはDV被害家庭も少なくなく，これを含めた総合的な支援が必要である。

注

(1) （ひとり親，母子，父子）家庭については，家族，世帯という表記もある。
　家族構成員の関係を説明する場合は「家族」，生活の状況を説明する場合は
　「家庭」，生計を説明する場合は「世帯」と表記されることが多い。しかしなが
　ら，現実には，家庭にはさまざまな機能があり，これらの用語を厳密に区分し
　て用いることは困難であり，本書では，原則として，家庭と表記する。

第 14 章

障がいのある子どもと子ども家庭福祉

● ● ● ●

---

1 障がいのある子どもの状況

障がい児・者数

　2017年前後の障がい児数の推計値は，身体障がい児 7 万2,000人，知的障が
い児22万5,000人，精神障がい児27万6,000人で，合わせると57万3,000人にな
る（**表14‐1**，次頁）。身体障がい児は最も少なく，知的障がい児や精神障がい
児が多いのが子どもの特徴である。とりわけ，精神障がい児が多いことは，子
どもたちの生きづらさを象徴している。本書の第 1 章で示したように，10代前
半以降の子どもたちの死因において，男女ともに自殺が第 1 位であることがこ
れを典型的に示すものである。

　障がい者を含めた，全体の推計値は，身体障がい児・者436万人，知的障が
い児・者109万4,000人，精神障がい児・者419万3,000人で，合わせると964万
7,000人になる。これを人口千人当たりの人数でみると，身体障がい児・者34
人，知的障がい児・者 9 人，精神障がい児・者33人である。重複して障がいが
あるものについての調整はされていないので，必ずしもこれが総数となるわけ
ではないが，13.2人に 1 人程度の国民が何らかの障がいを有していることになる。

　高齢化率29.1％（2021年）という超高齢社会にある日本においては，とりわ
け，身体障がい者の高齢化が進み（身体障がい児・者に占める65歳以上の割合は 7
割程度），障がい者数を上昇させることになっている。

　一方，第 1 位でないとはいえ，子ども同様，大人においても精神障がい者が
400万人を超えて多くなっている。これは，精神障がいのある子どもが大人に

表14‒1　障がい児・者数（推計値）

（万人）

	身体障がい者 （上段：18歳以上） （下段：18歳未満）	知的障がい者 （上段：18歳以上） （下段：18歳未満）	精神障がい者 （上段：20歳以上） （下段：20歳未満）	計
在宅生活者 ・外来患者	412.5 6.8	72.9 21.4	361.8 27.3	847.2 55.5
（総数）	428.7	96.2	389.1	914.0
施設入所者 ・入院患者	7.0 0.4	12.2 1.1	29.8 0.3	49.0 1.8
（総数）	7.3	13.2	30.2	50.7
全　体	419.5 7.2	85.1 22.5	391.6 27.6	896.2 57.3
（総数）	436.0	109.4	419.3	964.7

注：総数には年齢不詳を含む。
出所：内閣府（2021）『令和4年版障害者白書』247頁（データは，2016〜2018年のもの）をもとに筆者作成。

なったということ以上に，大人社会において新たに精神生活上の問題が発生しているということを意味している。また，子どもの保護者にも，心の課題を抱えているものが含まれているという現実もある。したがって，子ども家庭福祉の実践においては，障がいのある保護者の支援という視点も必要になる。

障がい児・者の生活場所

　表14‒1 には，障がい児・者の生活場所による分布も示している。障がい児・者の，9割以上は自宅で生活している。障がい児ではこれが96％を越えている。障がい種別でみると，身体障がい児94％，知的障がい児95％，精神障がい児99％と，いずれも9割を超えている。

　大人はこれが95％で，子どもより少しだけ在宅生活率が低い（生活場所の不明者を除く）。障がい種別では，身体障がい者98％，知的障がい者86％，精神障がい者92％であり，子どもと異なり，障がい種別間の差が大きい。とりわけ，知的障がい者では在宅生活の割合が低く，施設入所が多くなっている。知的障がい者については，かつては寿命が短いと言われていたが，現在では高齢期ま

で存命する人も増えている。すなわち，親の高齢化や死亡により，在宅生活ができなくなっていることを意味する数値である。知的障がい児の保護者支援においては，このような長期的視点に立って考えることも重要である。

2　障がいのとらえ方

「障がい」という表記

「障がい」という表記は，制度上は「障害」と記されるが，「害」のもつ意味が，障がい者の存在を，社会的に有益でないものと誤解させる可能性があるということで，「障がい」や「しょうがい」と表記されることもある。本書においても，制度や事業名については「障害」と表記するが，一般的表現としては「障がい」と表記している。

ちなみに，「障害」という表記は，第2次世界大戦終了後以降の表記法で，それ以前は，身体障がいを指す場合，「障礙」や「障碍」（いずれも「しょうがい」と読む）と表記されていた。知的障がいは，戦後は，しばらく「精神薄弱」と制度上は表記されていたが，1999年に法律が改正され，「知的障害」という表記に制度上は統一された。精神障がいについては，精神疾患など医療の対象であって，長い間，福祉サービスの対象とはみられていなかったが，1995年，精神保健法が，精神保健及び精神障害者福祉に関する法律（通称，精神保健福祉法）に改正され，ようやく福祉サービスとしての位置づけを得ることになった。

障がい種別

障がいには，身体障がい，知的障がい，精神障がい，の3つの種別がある。

身体障がいには，さらに，視覚障がい，聴覚障がい（聴覚，平衡機能，音声・言語・そしゃく機能），肢体不自由（上肢，下肢，体幹機能，乳幼児期以前の非進行性の脳病変による運動機能），内部障がい（心臓機能，じん臓機能，呼吸器機能，ぼうこう・直腸機能，小腸機能，免疫機能）の4類型に分かれる。

精神障がいには，統合失調症，気分障がい（双極性障がい，うつ病），てんか

ん，薬物やアルコールによる急性中毒やその依存症，高次脳機能障がい，その他の精神疾患（ストレス関連障がいなど）などがある。発達障がいは，障害者基本法では精神障がいの一つと位置づけているが，福祉制度の利用については，すべてが認められているわけではない。また，精神保健福祉法では，知的障がいも精神障がいと位置づけられているが，知的障害者福祉法や児童福祉法が適用され，福祉制度上は精神障がいには位置づけない。

　難病・小児慢性特定疾病については，障がいとは分類されないが，障害者総合支援法では障がい者福祉サービスの対象と位置づけている。

ICF にみる障がいモデル

　世界保健機構（WHO）は，2001年，障がいの新しい概念を提唱した。障がいは，かつては，国際障害分類（ICIDH）に基づき，機能障がい（impairment），能力障がい・能力低下（disability），社会的不利（handicap）という３つのレベルでとらえられていた。しかしながら，この枠組みでは，社会との関係性や，障がいのある個人の主体的な社会生活に関する視点が弱く，新たに，「国際生活機能分類」（ICF: International Classification of Functioning, Disability and Health）という障がいモデルを提唱した（図14‐1）。

　このモデルは，大きく「生活機能」と「背景因子」の２分野からなっている。さらに，生活機能は「心身機能・身体構造」，「活動」，「参加」の３要素，背景因子は「環境因子」と「個人因子」の２要素で構成される。障がいは，「心身の機能障がい」，「活動の制限」，「参加の制約」のすべてを含む包括的概念として用いられている。

子ども・青年版の ICF

　子ども・青年期には，発達において特徴的な要素や，それに伴う必要な社会的支援がある。子ども・青年期の障がいモデルとして，ICF を基礎に開発されたものを，国際生活機能分類—小児青少年版（ICF-CY: International Classification of Functioning, Disability and Health‐version for Children & Youth）という。[1]

図14-1　国際生活機能分類（ICF）

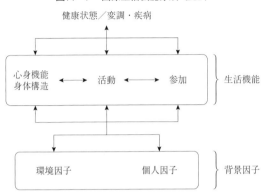

ICF-CY は ICF の派生分類という位置づけであり，分類構造，カテゴリー
は同じで，主として18歳未満の子どもを対象としている。18歳未満という年齢
設定は，子どもの権利条約に準拠している。ICF 本体は総合的なものであるが，
ICF-CY は，成長・発達期の特徴を記録するために必要な，詳細な内容を補う
ものといわれている。

発達障がい

1980年代頃から，知的には大きな問題はないにもかかわらず，社会生活にお
いて困難を伴う子どもたちの存在が教育現場や福祉現場で意識されるようにな
った。このような状況に対して，2004年，国は発達障害者支援法を制定し，総
合的な取り組みを始めることとなった。発達障がいは，障がいの定義としては
明確にされていないが，精神障害者保健福祉手帳の支給対象としては認められ
ている。知的障がい，精神障がい，身体障がいなどを伴うことも少なくないた
め，発達障がいが意識される以前は，たとえば，知的障がい児として福祉サー
ビスの対象となり，その枠組みで支援されていたと考えることもできる。

発達障がいは，生来の脳機能の障がいなどによって発生する，心身の発達に
関する症状である。発達障害者支援法では，「自閉症，アスペルガー症候群そ
の他の広汎性発達障害，学習障害，注意欠陥多動性障害その他これに類する脳

図14 - 2　発達障がいの特性

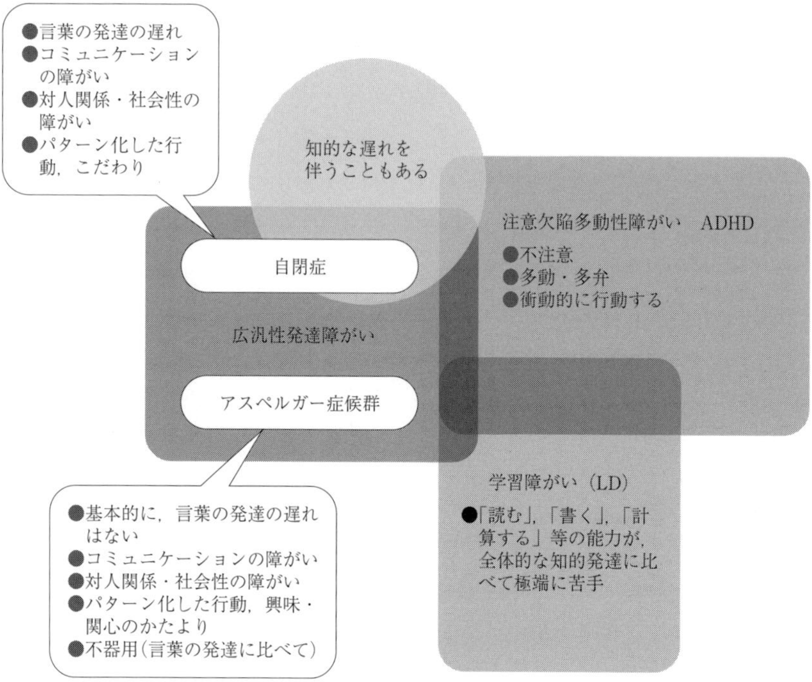

●言葉の発達の遅れ
●コミュニケーションの障がい
●対人関係・社会性の障がい
●パターン化した行動，こだわり

知的な遅れを伴うこともある

注意欠陥多動性障がい　ADHD
●不注意
●多動・多弁
●衝動的に行動する

自閉症

広汎性発達障がい

アスペルガー症候群

学習障がい（LD）
●「読む」，「書く」，「計算する」等の能力が，全体的な知的発達に比べて極端に苦手

●基本的に，言葉の発達の遅れはない
●コミュニケーションの障がい
●対人関係・社会性の障がい
●パターン化した行動，興味・関心のかたより
●不器用（言葉の発達に比べて）

出所：厚生労働省「発達障害の理解のために」（http://www.mhlw.go.jp/seisaku/17.html）を一部改変。

機能の障害であってその症状が通常低年齢において発現するものとして政令で定めるもの」と定義している。その関係を図式化すると，**図14 - 2**のようになる。

3　障がい福祉施策の動向と新たな福祉理念

障がい福祉施策の動向

　保護的な視点の障がい福祉施策に大きな変化をもたらしたのは，国際障害者年（1981年）である。ここで掲げられた「完全参加と平等」というスローガンは，国際障害分類（ICIDH）や国際生活機能分類（ICF）にも大きな影響を与え

た。

　日本では，これを受け，「障害者対策に関する長期計画」を策定し，さまざまな改革に乗り出した。たとえば，1993年には，従来の心身障害者対策基本法を改正し，障害者基本法を成立させた。これは，障がい者を分断された施策の対象とみる考え方を改め，一人の人間としてみるという姿勢を示すものである。

　その後の大きな改革は，発達障害者支援法（2004年），障害者自立支援法（2006年）の制定である。ここでは，身体障がい，知的障がい，精神障がいの各施策を統合する，新たな施策体系と制度が開始された。

　国連でも大きな動きがあった。2006年に，「障害者の権利に関する条約」が採択されたのである。日本は，2007年に署名し，2014年に批准した。これに先立ち，2013年には，国内で，障害を理由とする差別の解消の推進に関する法律（通称：障害者差別解消法）も制定されている。

障害者総合支援法の制定

　また，障害者全体にかかわる大きな改革として，2012年，障害者自立支援法を改正し，「障害者の日常生活及び社会生活を総合的に支援するための法律」（通称：障害者総合支援法）とした。

　この法改正では，①障がいの範囲の見直し（一定の難病患者も対象とする），②「障害程度区分」を「障害支援区分」に名称変更（区分は障がいの程度としてとらえるのではなく，支援の必要度ととらえる），③障がい者に対する支援の見直し（ケアホームとグループホームの一元化など），④地域生活支援事業の見直し（地方自治体がおこなう地域生活支援事業の必須事業に新たな事業を追加），などが行われた。

　障がいのある子どもについては，支援の中心法律を，再び児童福祉法とすることとし，地域生活支援を進める方向での施策拡充や，種別ごとの福祉施設の体系を，支援目的別の体系へと改正することなどが行われている。

障がいのある子どもに対する福祉施策の目的

障がいのある子どもに対する福祉施策は，子どもと親，さらにそれらを取り巻く環境を対象とし，国際生活機能分類の視点を尊重しながら，親と子の社会生活の構築を支援していくことを目的とする。言い換えると，障がいという特性のある一人の子どもとしてとらえ，それを長期的視点で保障するために，個人要因や環境要因に働きかけていくということである。

一方，「障がい」という特性に着目するあまり，「子ども」であるという事実を軽視してはならない。「障がい」という特性に対しては，療育的なかかわりや専門施設など，障がいのある子どもの育ちを支援する固有の福祉サービス，さらには障がい児保育など，一般施策を補完する施策が必要である。しかしながら，このような障がいのある子どものみを対象としたサービスだけでなく，子ども一般を対象とした施策がその前提にあることを忘れてはならない。

また，障がいのある子どもを育てる場合，家族にも，身体的，精神的さらには経済的負担をもたらす可能性が高くなる。また，障がいのある子どものきょうだいの生きづらさという視点は，福祉施策においては，あまり重視されていないのが現状である。障がいのある子どもの福祉問題への対応においては，育つ子ども自身を支援するという視点のみならず，育てる親，子どものきょうだいを支援するという視点や，育つ環境自体を改善するという視点も必要である。

4　障がいのある子どもに対する主な福祉施策

障がいのある子どもに対する福祉サービスは，早期発見・早期療育，在宅福祉サービス，施設福祉サービス，経済的支援，の大きく4つの内容で構成されている。

早期発見・早期療育

障がいのある子どもを対象とした，早期発見・早期療育を目的とする施策には，手帳制度，療育指導，自立支援医療，補装具の交付・修理，日常生活用具

の給付・貸与などがある。また，母子保健サービスの一環として行われている，妊婦健康診査，乳幼児健康診査，先天性代謝異常等検査などの健康診査や，保健所・保健センター，児童相談所，家庭児童相談室などでの相談指導，さらには，身体障害者相談員あるいは知的障害者相談員による相談なども，早期発見・早期療育を図るうえで重要な意味をもつ。

　手帳制度としては，身体に障がいのある子どもについては身体障害者手帳，知的に障がいのある子どもについては療育手帳，精神に障がいのある子どもについては精神障害者保健福祉手帳がある。ただし，療育手帳については，法律に基づく制度ではないので，手帳をもたなくても，サービス受給上は大きな問題はない。発達障がい児については，発達障害者支援法の定義に基づいて，精神障害者保健福祉手帳が交付される。また，難病の一部が障害者総合支援法の対象として規定されたことにより，2013年度からは，厚生労働省が指定する小児慢性特定疾病にある子どもには，小児慢性特定疾病児童手帳が交付される。また，児童福祉法に基づき，応能負担で，小児慢性特定疾病医療費助成制度がある。

　自立支援医療は，身体障がい児および精神障がい児を対象とするもので，障害者総合支援法に基づいて実施されている。

在宅福祉サービス

　障がいのある子どもとその家庭の支援のための在宅福祉サービスには，障害者総合支援法に基づく介護給付としての居宅介護（ホームヘルプ），短期入所（ショートステイ），地域生活支援事業としての日常生活用具給付等事業，移動支援事業（以上2つは必須事業），日中一時支援事業（市町村任意実施事業），児童福祉法に基づく放課後等デイサービス，保育所等訪問支援，障害児相談支援（障害児支援利用援助および継続障害児支援利用援助）などがある。

　サービスの利用は，18歳以上の場合は，市町村による障害支援区分認定を受ける必要があるが，18歳未満の場合，利用するサービスによっては，障害支援区分の認定が必要でない場合がある。

　移動支援事業とは，屋外での移動が困難な障がいのある子どもに対し，外出時の円滑な移動を支援し，自立生活や社会参加を促すもので，ガイドヘルプと呼ばれることもある。

　日中一時支援事業とは，自宅で介護を行う人の休息等のために，障害者支援施設等において日帰りでの一時預かりを行う取り組みで，デイサービスと呼ばれることもある。

　放課後等デイサービスとは，小学校，中学校，特別支援学校などに就学している障がいのある子どもを対象にして，放課後や学校休業日に，児童発達支援センターや地域の施設などで，生活能力の向上のために必要な訓練，社会との交流の促進などを行う取り組みをいう。障がい児固有の学童保育ということもできる。

　保育所等訪問支援とは，保育所，その他の施設を利用している障がいのある子どもを対象にして，施設を訪問し，集団生活への適応のための専門的な支援などを行う取り組みをいう。児童養護施設入所児もこの対象となる。

　このような在宅福祉サービスを親子の状況に合わせて適切に組み立てていくには，一人ひとりに合わせた個別の支援計画が必要である。児童福祉法に基づく障害児支援利用計画はこれに対応するものである。この計画の策定においては，特別支援教育において作成される個別の教育支援計画との調整を図ることが重要である。また，このような個別の支援計画を有効に機能させるために，市町村には，障害者総合支援法に基づき，地域自立支援協議会の設置が求められている。

施設福祉サービス

　障がいのある子どもに関する施設福祉サービスは，障害者自立支援法制定に合わせ，施設の種類，利用方法，費用負担が大きく変わった。障害者総合支援法でもこれは継続されている。

　施設の種類は，入所か通所かという主たる機能により，障害児入所施設と児童発達支援センターの2つに整理されている。また，それぞれの内部類型とし

て，福祉型と医療型の２つがある。

　利用方法については，児童相談所による措置制度であったものが，原則として，利用者（契約上は保護者）と事業者との直接契約に変わった。保護者が不明な場合，子どもが虐待を受けている場合などには，措置制度が適用されるが，実際には措置による利用はほとんどない。

　利用の決定や主たる相談窓口については，児童発達支援センターは市町村，障害児入所施設の利用に関しては，児童相談所が対応する。

　費用に関しては，保護者の課税所得額に応じて，４区分の負担上限月額（応能負担）が設定されている。事業者は，利用実績に応じて，都道府県または市町村に障害児入所給付費，障害児通所給付費の支給申請を行い，給付費を受給する。

経済的支援

　経済的支援としては，直接金銭を給付する特別児童扶養手当や障害児福祉手当，障害者扶養共済制度，また，障害者控除や利子課税免除などの税制上の優遇措置，利用料の減免などのような割引制度などがある。

　特別児童扶養手当は，知的，身体または精神に中・重度の障がいを有する20歳未満の子どもを，現に監護・養育している人に対して支給されるものである。手当額は，障がいの程度により２段階に分かれている。一定以上の所得がある場合や子どもが障害児入所施設に入所している場合，障がいを理由とした他の公的年金を受けている場合などには支給されない。

　障害児福祉手当は，在宅の重度障がい児を対象とする手当である。支給対象は，20歳未満であって，常時介護を必要とし，特に障がいの程度が重いものである。特別児童扶養手当と同様の内容で，支給されない場合がある。

　障害者扶養共済制度は，公的年金とは別に，障がい児・者の保護者が生存中に一定額の掛け金を納付することにより，保護者が死亡または重度障がいになった場合，残された子どもに終身一定額の年金を支給するものである。加入は任意で，保護者には年齢要件，健康状況要件などがある。

5　障がいのある子どもに対する福祉施策の課題

　障がいのある子どもに対する福祉施策の課題は多くあるが，ここでは，5点を指摘し，簡単に解説する。

　第1は，障がいのある子どもに対する施策を優先しすぎないということである。たとえ障がいがあっても，社会的人格をもった子どもという存在である。したがって，障がいに合わせたサービス以前に，成長・発達する一人の子どもとして，家族生活，社会生活が保障されなければならない。障がいに着目しすぎると，リハビリや訓練などに重点が置かれがちになり，結果として，子ども期を生きる支援の優先性が下がることもある。このことは，ICF や ICF-CY の理念に立ち返るということでもある。

　第2は，早期発見・早期療育体制の整備である。とりわけ子どもの場合，早期発見・早期療育が，本人にとっても保護者にとっても，その後の生活のしづらさを軽減させることになる場合が多いと考えられる。このことは，障がいのある子どもに，障がいのない子どもと分離したサービスを提供することだけを意味している訳ではない。保護者が状況を受容，理解し，子どもの育ちにふさわしい環境を準備するための自覚を促すということが大きな目的である。したがって，援助者には，子ども自身の立場だけでなく，保護者や家族全員の立場を勘案しつつ援助を進めていくという視点が求められる。このことは，その後の援助の展開場面においても重要である。

　第3は，保護者に対するケアである。障がいのある子どもを，一人のかけがえのない存在として受け止めるという第1段階の課題が克服できたとしても，その後の日々の生活や，成長過程における子ども自身の変化や環境との関係のなかで，保護者は常に想像を超えた問題に直面する可能性がある。また，多くの保護者に共通の課題となっている，自らが高齢期になったり，死亡した後の子どもの生活をどうするかという問題もある。レスパイトサービスや保険制度などの公的なサービスは当然のことながら，同じような問題をかかえながら，

日々生活しているもの同士の仲間づくりや相互支援，いわゆるセルフヘルプグループの育成・支援など，インフォーマルなサービスづくりも，本人の立場を尊重した生活支援をしていくためには重要である。

　第4は，利用者サイドからみたサービス供給システムの整合性と安定化である。障害者自立支援法制定以降，これがかなり整備されてきたとはいえ，在宅あるいは通所サービスと施設サービスの窓口の違い，大人と子どもの違い，さらには，教育，保健・医療，就労など，福祉関連サービスとの関係など，利用者視点でみた場合，不便であったり，理解に高度の能力が求められるものもある。これらは，短期的には改革が困難であったり，完全に一元化すると制度が肥大化して，かえって柔軟性に欠けたりすることも考えられる。そうすると，利用（者）支援制度あるいはケアマネジメント制度など，相談支援事業の拡充が重要となる。

　第5は，子どもと保護者の生活観や意思が一致しない場合の対応である。子どもと保護者の生活観や意思が真に一致しているかどうかの検証は非常に困難である。とりわけ，乳幼児期や，意思決定能力，意思伝達能力などが低い場合はなおさらである。かといって，専門家が子どもの代弁を適切にできるかというと，それも難しい課題である。すなわち，もともと保護者や社会との関係で弱い立場にあるなかで，子ども自身の生活観や意思を適切に擁護できる人が誰なのか，この問題は障がいのある子どもに典型的に現れやすいとはいうものの，子ども家庭福祉全般に共通の課題でもあるといえる。

注
(1)　厚生労働省「国際生活機能分類—小児青少年版（仮称）ICF-CY について」
　　（https://www.mhlw.go.jp/shingi/2008/06/dl/s0626-7a.pdf）。

子ども家庭福祉サービスの動向と展望

・　・　・

1　社会福祉改革の展開

戦後日本の社会福祉の特徴

　戦後日本の社会福祉の特徴は，以下の3点にある。

　第1は，政策における行政の管理統制が強いということである。たとえば，戦後社会福祉の発展を支えてきた共通の側面として，社会福祉事業法（2000年に社会福祉法に改正）を中心とする社会福祉事業の認定，公営または社会福祉法人による事業推進，措置制度による経営の安定化，などをあげることができる。これによってサービスの安定的供給が図られた。一方，利用者は制度の対象あるいは客体として位置づけられるのみで，主体としての位置づけが弱かったということもできる。

　第2は，これを支えるものとして，社会福祉の費用は国民全体からの負担である税を中心に進め，利用者の負担をできるだけ少なくしたことである。また，費用徴収において応能負担の原則を導入し，利用者の所得への配慮を，利用料の段階で行うという方法が用いられた。

　第3は，サービス供給システムが，家族を一つの単位として取り扱い，必ずしも個人を単位として扱ってこなかったということである。たとえば，高齢者介護の問題において，高齢者本人と家族介護者との意向がずれた場合，最終的には介護者の方の意向が反映されがちであったことなどはその代表例である。とりわけ，子どもの場合，親は子どものことをよく理解しており，最大の権利擁護者であるという信念のもと，子ども自身の意思以上に，保護者の意思を尊

重してきたといえる。

1990年代後半から，「社会福祉基礎構造改革」と一般に称せられる改革がすすめられた。この改革は「社会保障と税の一体改革」に引き継がれた。

社会福祉基礎構造改革の概要

第1段階の改革としての社会福祉基礎構造改革では，戦後日本の社会福祉を特徴付けてきた内容を大幅に変えることが目的とされた。その象徴的なできごとが，社会福祉事業法を大幅改正し，社会福祉法を成立させたことである（2000年）。社会福祉基礎構造改革は，大きく3つの内容で進められた。

第1は，国で集権的に対応していた福祉政策の管理を，できるだけ都道府県，さらには基礎自治体である市町村に移管していくことである。これによって，地方自治体の責任や権限が強化されていった。加えて，制度の基本は法律や通知によって公的に管理しつつも，直接的な事業の実施はできるだけ，企業やNPO法人などを含めた多様な供給主体によって提供するという方策もすすめられた。

第2は，これと合わせ，社会福祉の費用負担において，国の割合を減少させるとともに，社会福祉の費用の一部を固定財源ではなく一般財源化したり，社会保険制度に移行していったことである。一般財源化は，地方の裁量を高め，独自の事業展開を可能にするという積極的側面だけではなく，財政力や企画力の弱い自治体では，福祉サービスの拡充の足かせになるという消極的側面もあった。社会保険化については，介護保険制度が代表的な例である。

第3は，供給者本位の制度から利用者本位の制度への転換である。これには，利用者の意思を尊重した制度への転換と，利用者の人権を侵害しない制度の実現という2つの内容がある。

具体的には，措置制度中心であった社会福祉サービスの利用が，介護保険制度や障害者自立支援制度（現，障害者総合支援制度）のような事業者と利用者との直接契約制度，あるいは，保育所や母子生活支援施設のような利用者と地方自治体との利用契約制度に変化していった。

人権の側面との関係でいうと，前者は受動的権利に軸足をおいた制度，後者は能動的権利に軸足をおいた制度ということができる。実践場面でも，利用者の声を尊重したり，利用者によるサービス評価を受けたりする取り組みが進みつつある。利用者の人権を侵害しない制度については，①苦情解決制度の導入（第三者委員や運営適正化委員会制度など），②福祉サービス利用者への虐待等人権侵害に対する取り組み強化（被措置児童等虐待対応など），③サービスの質の改善（児童福祉施設の設備及び運営に関する基準の改正，第三者評価や利用者評価の推進など），④サービスの透明化（情報提供，情報開示など），などの取り組みが進んでいる。

社会保障制度改革

　社会福祉基礎構造改革が社会福祉制度中心であったのに対して，社会保障制度改革は，文字通り，社会福祉を含む，社会保障制度全般の改革である。

　現在の社会保障制度改革に関する検討は，2010年，内閣府に設置された，「社会保障改革に関する有識者検討会」に始まる。ここでの議論が，「社会保障改革に関する集中検討会議」（2011年）に引き継がれ，さらには「社会保障制度改革国民会議」（2012年）で本格的な検討が始まる。この会議の検討結果は，「確かな社会保障を将来世代に伝えるための道筋」というサブタイトルをつけた報告書（2013年）として発表された。この報告書では，基本的な考え方として，**資料終-1**（次頁）に示す内容を明らかにしている。

　社会保障改革の対象となるのは，子育て，医療，介護，年金の大きく4分野である。このうち，子ども家庭福祉分野については，**資料終-2**（次頁）に示すような内容が記載されている。

　この中身を実現するための財源の裏付けとなるのが，税制の改革である。税制の改革の中心は消費税法の改正で，消費税は段階的に引き上げられ，2019年10月から10％となった。増税分は，「消費税法第1条第2項に規定する経費（年金，医療，介護，少子化対策），その他社会保障に要する経費にあてるもの」とされており，年金，医療，介護という高齢者や障がい者に関連深い内容に加

資料終 - 1　社会保障制度改革国民会議報告書の基本的考え方

①日本の社会保障は，自助を基本としつつ，自助の共同化としての共助（＝社会保険制度）が自助を支え，自助・共助で対応できない場合に公的扶助等の公助が補完する仕組みが基本であること

②日本の社会保障は，社会保険方式を基本とし，その上で，負担能力に応じた保険料や免除制度などにより，無職者等を含めたすべての者が加入できるように工夫した仕組みとすること

③「21世紀日本モデル」の社会保障は，すべての世代を給付やサービスの対象とし，すべての世代が，年齢ではなく，負担能力に応じて負担し，支え合う仕組みとすること

④社会保障の給付費を踏まえれば，国民負担の増加は不可欠とし，政策の効果を最小の費用で実施できるよう，徹底した給付の重点化，効率化が必要であること

⑤消費税が増税された後でも，社会保障財源を赤字国債で補っている状況が解消されるわけではないこと

資料終 - 2　子ども家庭福祉分野を中心にみた社会保障制度改革国民会議報告書のポイント

1．少子化問題は社会保障全体にかかわる問題。子ども・子育て支援は，親子や家族のためだけでなく，社会保障の持続可能性（担い手の確保）や経済成長にも資するものであり，すべての世代に夢や希望を与える「未来への投資」として取り組むべき

2．新制度はすべての子どもたちの健やかな成長を保障することを主眼とし，幼児教育・保育の量的拡大や質の向上，地域の子ども・子育て支援の充実などを進めるもの

3．子どもの貧困からくる格差問題，特に母子家庭や父子家庭などのひとり親家庭の貧困は看過できない。子どもの貧困格差は，教育や学習等の機会の格差となり，大人になってからの貧困につながる。障がいのある子どもや，虐待の増加も一因となって，社会的養護の必要な子どもが増えており，一層の取組が求められている

4．幼稚園，保育所に加え，子育て世代の生活環境の変化や働き方の多様化に十分に対応するため，認定こども園の普及推進が必要。また，地域の子育て支援施策の一層の推進が不可欠

5．子育て支援は，地域の実情に合わせた施策の立案，実行が必要。質を確保しつつ，小規模保育や家庭的保育の充実など，地域の実態に即して柔軟に対応できる制度への移行が必要

え，少子化対策という形ではあるが，子ども家庭福祉が明確に位置づけられている。

　当然のことながら，両者の改革は強く関連するものであり，一般には「社会保障と税の一体改革」と呼ばれている。この改革は，社会保障の充実・安定化のための財源確保と財政健全化の同時達成を目指すもので，2012年 8 月，社会保障制度改革推進法および子ども・子育て支援法の制定，消費税法および就学前の子どもに関する教育，保育等の総合的な提供の推進に関する法律（通称，

認定こども園法）の一部改正法など，合わせて8法が成立した。

2　社会福祉改革と子ども家庭福祉

社会福祉改革は，社会福祉制度全体を視野に入れた改革であり，当然のことながら，子ども家庭福祉分野にも影響を及ぼす。子ども家庭福祉分野で，社会福祉改革が実際にはどのように行われているのかを，6点に絞って紹介する。

施策の計画的推進

子ども家庭福祉施策が総合的かつ計画的に推進されるようになったのは，合計特殊出生率が1.57となった1990年以降のことである。最初の計画は，「今後の子育て支援のための施策の基本的方向について」（1994年：通称エンゼルプラン）で，これは，その後，新エンゼルプラン（1999年），子ども・子育て応援プラン（2004年），子ども・子育てビジョン（2010年）へとつながっていく。2012年には子ども・子育て関連3法が成立し，これに基づいて都道府県は子ども・子育て支援事業支援計画，市町村は子ども・子育て支援事業計画を策定し，子ども家庭福祉施策の充実が図られている。この間の子育て支援対策の主たる内容を整理すると，**図終 - 1**（次頁）のようになる。

時代に合った施設体系の構築

児童福祉法制定以降，最大の改正と言われた1997年の改正では，身体的虚弱児のケアという設置目的に対して，実際は不登校児や被虐待児などが多く，利用の実態との間にずれが生じていた虚弱児施設を児童養護施設に統合したこと，12歳未満を対象としていた情緒障害児短期治療施設（現，児童心理治療施設）の年齢要件を18歳未満（必要に応じて20歳まで延長可能）にしたことなどである。2012年には，種別ごとに細分化されていた障がい児関連施設が，利用形態とサービスの目的を中心に，2種別4類型に再編されている。さらに，2015年4月からは，学校としての機能を果たす幼保連携型認定こども園も，子ども家庭福

図終 - 1　ここ約20年間の子ども家庭福祉の動向

1990年
＜1.57ショック＞＝少子化傾向が注目を集める

1994年　　　　　　　　　　　　1994年
エンゼルプラン　　　　＋　　　緊急保育対策等5か年事業

1999年
新エンゼルプラン

2003年　　　　　　　　　　　　2003年
少子化社会対策基本法　　　　次世代育成支援対策推進法

2004年
少子化社会対策大綱

2004年
子ども・子育て応援プラン

2006年
新しい少子化対策について

2007年
「子どもと家族を応援する日本」重点戦略

2008年
「新待機児童ゼロ作戦」について

持続可能な社会保障構築とその安定財源確保に向けた「中期プログラム」

2009年
社会保障審議会少子化対策特別部会第1次報告

2010年
子ども・子育てビジョン

待機児童解消「先取り」プロジェクト

子ども・子育て新システム検討会議

2012年
子ども・子育て新システムの基本制度について

子ども・子育て関連3法の成立・公布

2015年
子ども・子育て支援制度の本格実施

2016年
児童福祉法改正

2017年
ニッポン一億総活躍プラン

新しい社会的養育ビジョン発表

子育て安心プラン

2018年
新・放課後子ども総合プラン

2019年
児童福祉法および児童虐待防止法改正

2020年
少子化社会対策大綱（第4次）

出所：筆者作成。

祉施設として位置づけられることになった。

利用者の主体的意思を尊重する制度の導入

　利用者本位の制度への転換，具体的には措置制度からの脱却が社会福祉基礎構造改革のねらいの一つであった。1997年の児童福祉法改正では保育所，2000年の改正では母子生活支援施設と助産施設の措置制度がそれぞれ廃止となり，その翌年から利用者の希望を尊重する制度へと転換した。2002年度からは，障がいのある子どもに関わる在宅福祉サービスも，給付費制度により，利用者の意思をより反映しやすい方向への転換が図られている。さらに，認定こども園の1号認定こども（1日4時間程度の利用を希望する3歳以上の子ども）については，直接契約制度が導入された。これに合わせて，情報提供や情報開示など，選択をより有効にするための制度も導入されている。

権利擁護制度の導入

　社会福祉サービスは，本質的に権利擁護の制度であることにより，サービスが権利の侵害になるということを前提にしたこのような制度は，従来の社会福祉制度のなかには存在しなかった。しかしながら，契約型の制度の導入や福祉サービスをめぐるさまざまなスキャンダルにより，利用者の権利擁護が，社会福祉の全分野を通じて図られようとしている。利用者の苦情を施設内の機関で対応する苦情解決担当者や苦情解決責任者の指定，第三者委員の任命，施設外のシステムとしての運営適正化委員会（都道府県社会福祉協議会に設置）などが，この代表的な例である。これに合わせて，サービスの全体の質を向上させる取り組みも行われている。自己評価・自己点検の推進，第三者評価制度の導入などである。

供給主体の柔軟化

　社会福祉事業の供給主体は，社会福祉法で第一種社会福祉事業については，国，地方公共団体または社会福祉法人が経営することを原則とするとされてい

る。第二種社会福祉事業については特に規定はない。社会福祉基礎構造改革以降，経営の効率化，サービスの拡充，雇用の創出などを目的として，このような供給体制のあり方の転換が図られている。行政直営のサービスから社会福祉法人へ，社会福祉法人から企業を含む多様な供給主体へという，民営化，民間委託の促進である。ただし，幼保連携型認定こども園については，企業参入が認められていない。

　子ども家庭福祉施設の中でも設置数が最も多い保育所では，かつては，公営施設が7割以上であったが，現在では3割を割り込み，ほぼ半数が社会福祉法人となっている。企業による運営は決して多いわけではないが，社会福祉施設等調査では2020年10月現在，2,796か所（12.3％）となっている。

社会的養護改革

　以上の5項目は，社会福祉基礎構造改革との関連が深い内容であるが，もう一つこの間の大きなできごとは，国連子どもの権利委員会の勧告に基づく，社会的養護改革である。勧告の内容については，第10章で示したところであるが，そのポイントは，在宅福祉・地域福祉重視，家庭養護重視，短期ケア重視，小規模化の推進，人権擁護の大きく5点であった。

　虐待を受けている子どもへの対応の強化，さらには保護された子どもが再度被害を受ける被措置児童等虐待への対応も，このような流れのなかで理解することができる。

3　子ども家庭福祉の課題

　最後に，これまで指摘してきたこととの一部重複も含め，子ども家庭福祉分野における，当面の，政策，実践あるいは理念上の課題を7点指摘しておく。

子ども・子育て支援制度の着実な推進

　すでに示したように，ここ20年あまり，子ども家庭福祉は，多くの分野にお

いて改革が進められている。いずれも，かなり大幅な改革であり，まずはこれらの改革の実現が求められる。とりわけ，子ども・子育て支援制度は，少子化社会への対応も含めた大きな改革であり，積極的な推進が必要である。さらに，これらの改革は，社会保障制度改革国民会議が提案する社会像を実現するためのものでもあり，子ども家庭福祉分野を超えた重要な課題であるという認識が必要である。

そのためには，財源の確保が重要である。社会保障制度改革国民会議の認識では，消費税を10％にしたとしても，赤字国債による財源確保部分が残っており，国としての財政が健全化するわけではないとなっている。子ども・子育て支援制度の実現には，１兆円の追加予算が必要とされており，当面消費税増税分で約束されているのは7,000億円にすぎず，少なくとも残る財源の確保が必要となる。

子どもの人権保障に対する社会的意識の向上

子どもの権利条約では，意見表明権など，能動的権利の保障が関心を呼んだが，わが国の実情は，虐待や貧困など，まだまだ受動的権利次元の課題も少なくない。それでも子ども家庭福祉施策においては，国連子どもの権利委員会における社会的養護に関する勧告への対応などを不十分ながらもおこなっている。

一方，子ども家庭福祉施設同様，強い指摘のあった学校における意見表明の機会の不足や，子ども自身の学校運営参加へのあり方などについては，必ずしも十分な検討がされているとはいえず，いじめへの対応を含め，学校における権利問題については，引き続き検討が必要である。

被措置児童等虐待防止制度のさらなる検討

高齢者虐待の防止，高齢者の養護者に対する支援等に関する法律（通称，高齢者虐待防止法）や，障害者虐待の防止，障害者の養護者に対する支援等に関する法律（通称，障害者虐待防止法）においては，虐待者に在宅福祉サービス従

資料終 - 3　被措置児童等虐待におけるネグレクトの解説

（定　義）
　被措置児童等の心身の正常な発達を妨げるような著しい減食又は長時間の放置，同居人若しくは生活を共にする他の児童による（中略）行為の放置その他の施設職員等としての養育又は業務を著しく怠ること。

（解　説）
　・適切な食事を与えない
　・下着など長時間ひどく不潔なままにする
　・適切に入浴をさせない
　・極端に不潔な環境の中で生活をさせる
　・同居人や生活を共にする他の被措置児童等による身体的虐待や性的虐待，心理的虐待を放置する
　・泣き続ける乳幼児に長時間関わらず放置する
　・視線を合わせ，声をかけ，抱き上げるなどのコミュニケーションをとらずに授乳や食事介助を行う

出所：厚生労働省子ども家庭局家庭福祉課，厚生労働省社会・援護局障害保健福祉部障害福祉課（2009）「被措置児童等虐待対応ガイドライン──都道府県・児童相談所設置市向け」9頁。

事者を含めているが，児童虐待の防止等に関する法律（通称，児童虐待防止法）では，里親を含む社会的養護関係事業従事者が中心で，保育所，幼保連携型認定こども園，地域型保育など，保育系のサービス従事者を対象とはしていない。

　子ども・子育て支援制度で多様な在宅福祉サービスの充実や，それを担う多様な供給主体の参入が図られているなかで，在宅福祉サービス事業者による人権侵害への社会的対応は重要な課題である。ただし，これを被措置児童等虐待防止制度の枠組みで行うか，新たな制度対応を図るかについては，慎重な検討が必要である。

子ども家庭福祉施設における子ども間暴力への対応

　被措置児童等虐待対応ガイドライン（厚生労働省，2009年）では，被措置児童等虐待の類型として，児童虐待防止法同様，身体的虐待，心理的虐待，性的虐待，養育放棄（ネグレクト）の4つを示している。このうち，ネグレクトについては，**資料終-3**のような定義および解説を加えている。

　この定義や解説では，施設で生活している子ども間のいじめや虐待を放置することはネグレクトに該当するが，子どもの行為自体は，対象とならない。入

所している子どもやすでに退所した子どもへの調査などをみると，他の子ども
から受けた行為は，本人の心を深く傷つけているという報告が多い。

　このような子ども間の暴力への対応は，職員のケア上の課題であり，職員の
ケア能力の向上に資する取り組みが必要である。学校では，いじめ防止対策推
進法（2013年）を制定し，子ども間のいじめに対する取り組みを強化している。
子ども家庭福祉施設においても，子ども自身の支援や啓発を含め独自の制度の
構築，被措置児童等虐待防止制度への組み込み，あるいは，いじめ防止対策推
進法の枠組みへの組み込みなど，検討することも考えられる。

選択あるいは契約利用制度を意識した環境整備

　選択あるいは契約利用制度に基づく利用者の能動的権利保障は，積極的に導
入する必要がある。このような制度を充実するためには，選択が可能となるよ
うな資源整備と，選択の責任を利用者のみに課さない制度保障が必要となる。

　選択が可能となるような資源整備は，量的な問題だけでなく，情報開示を含
め，満足感が得られるようなサービスの質，選択を支援する相談や情報提供シ
ステムなど，総合的な視点で検討する必要がある。

　選択の責任を利用者のみに課さない制度保障とは，具体的には，第三者委員
や運営適正化委員会などの苦情対応制度，第三者機関によるサービス評価など
の充実を意味する。

　これらのことは，措置制度に基づくサービス提供である受動的権利保障制度
においても同様である。ただし，この場合，サービスの提供は利用者の意思だ
けでなく，専門家視点での必要な内容の提供という判断が含まれるということ
を前提とする必要がある。

子ども家庭福祉における専門性の向上

　子ども家庭福祉問題の解決において，社会的支援は欠かすことができない。
そのためには，問題を直接解決したり，緩和するための制度の整備はむろんの
こと，利用者の視点にたって，問題を整理したり，必要な制度を検討し，利用

に結びつけるようなソーシャルワーク視点の支援も必要である。

　子ども家庭福祉分野では，児童相談所や児童福祉施設でのソーシャルワーク
についてはすでに制度化されており，質の高い実践に向けての取り組みがすす
んでいる。この充実はむろんのこと，新たに，子ども・子育て支援法で制度化
された利用者支援事業においてもこのような支援が求められている。

　高齢者や障がい者の分野では，ケアマネジメントという考え方が浸透し，ケ
アマネジャー（介護支援専門員）として法定化されたり予算化されたりしている。
利用者支援事業には，これと同様の内容が含まれている。ケアマネジメントの
場合，社会福祉固有の専門技術とは位置付けられておらず，社会福祉士，介護
福祉士，看護師，保健師など，多様な資格での実務経験をもとに，研修と試験
により資格が与えられる。利用者支援事業については，このような明確な制度
的位置づけはないが，子育て支援員の養成にその一部を垣間見ることができる。
これを，ケアマネジメントと同様の性格のものにするのか，保育ソーシャルワ
ークや子育て支援ソーシャルワークなどのようなより福祉的なものにするのか，
いずれにしても，専門性をどのように位置づけていくのかの検討が必要である。

保育と教育の内容の整理

　子ども・子育て支援制度では，児童福祉施設でもあり，学校でもある幼保連
携型認定こども園を制度化したことにより，改めて保育と教育との関係を検討
する機会が与えられることとなった。しかしながら，両者の関係については，
十分な合意は得られておらず，この点について引き続き検討していくことが重
要である。

　保育所，幼稚園，幼保連携型認定こども園については，それぞれの根拠法で
施設の目的を示している（**資料終-4**）。この規定によると，保育所および幼稚
園は「保育」を，幼保連携型認定こども園は，「満3歳以上の子どもに対する
教育並びに保育を必要とする子どもに対する保育を一体的に行う」ことを目的
にするものとされている。加えて，子育て支援について，保育所と幼稚園には努
力義務，幼保連携型認定こども園には義務が課せられていることを特徴とする。

資料終 - 4　保育所・幼稚園・認定こども園の目的

保育所 （児童福祉法）	幼稚園 （学校教育法）	幼保連携型認定こども園 （認定こども園法）
第39条第1項：保育を必要とする乳児・幼児を日々保護者の下から通わせて保育を行うことを目的とする施設（中略）とする。 **第48条の4**：当該保育所が主として利用される地域の住民に対してその行う保育に関し情報の提供を行い，並びにその行う保育に支障がない限りにおいて，乳児，幼児等の保育に関する相談に応じ，及び助言を行うよう努めなければならない。	**第22条**：義務教育及びその後の教育の基礎を培うものとして，幼児を保育し，幼児の健やかな成長のために適当な環境を与えて，その心身の発達を助長することを目的とする。 **第24条**：第22条に規定する目的を実現するための教育を行うほか，幼児期の教育に関する各般の問題につき，保護者及び地域住民その他の関係者からの相談に応じ，必要な情報の提供及び助言を行うなど，家庭及び地域における幼児期の教育の支援に努めるものとする。	**第2条第7項**：義務教育及びその後の教育の基礎を培うものとしての満3歳以上の子どもに対する教育並びに保育を必要とする子どもに対する保育を一体的に行い，これらの子どもの健やかな成長が図られるよう適当な環境を与えて，その心身の発達を助長するとともに，保護者に対する子育ての支援を行うことを目的として，この法律の定めるところにより設置される施設をいう。

　さらに，保育所の「保育」については，児童福祉施設の設備及び運営に関する基準第35条で「保育所における保育は，養護及び教育を一体的に行うことをその特性とし，その内容については，厚生労働大臣が定める指針（筆者注：保育所保育指針）に従う」，保育所保育指針第1章「総則」で，「保育所における保育は，養護及び教育を一体的に行うことをその特性とする」と，「保育」が「養護」と「教育」を一体的に提供することで成り立っていることを示している。

　これらのことを勘案すると，3つの施設は以下のように説明することができる。

保育所：養護と教育を一体的に提供する保育を行う施設

幼稚園：保育という目的を達成するための（筆者注：義務教育およびその後の教育の基礎を培う）教育を行う施設

幼保連携型認定こども園：満3歳以上の子どもに対する（筆者注：義務教育およびその後の教育の基礎を培う）教育並びに保育を必要

資料終 - 5　保育士・幼稚園教諭・保育教諭の職務

保育士 (児童福祉法)	幼稚園教諭 (学校教育法)	保育教諭 (認定子ども園法)
第18条の4：保育士とは，(中略)，児童の保育及び児童の保護者に対する保育に関する指導を行うことを業とする者をいう。	**第27条第9項**：教諭は，幼児の保育をつかさどる。	**第14条第10項**：保育教諭は，園児の教育及び保育をつかさどる。

とする子どもに対する保育を一体的に行う施設

　保育所と幼稚園の違いについて，児童福祉施設か学校教育施設かという視点があり，それは教育が，「義務教育およびその後の教育の基礎を培う」ものとして位置づけられているかどうかで説明されていた。その際も，幼稚園はあくまでも保育を目的とする施設であり，教育はその内容あるいは方法として位置づけられていた。しかしながら，幼保連携型認定こども園では，「義務教育及びその後の教育の基礎を培う」教育を提供することにより，学校としての位置付けはされているが，その教育と保育との関連性は示されておらず，条文上は教育そのものが目的とされていると解される規定となっている。そうすると，幼保連携型認定こども園では，満3歳以上の子どもについては，学校教育と保育の必要な子どもに対する「養護と教育を一体的に提供する保育」の2つの教育が提供されていることとなり，一般には理解しがたい状況となっている。

　このことが職員の業務規定も複雑にさせている（資料終 - 5）。すなわち，保育士は「保育及び保護者指導」，幼稚園教諭は「保育」，保育教諭は「教育及び保育」という規定である。保育教諭は，満3歳以上の子どもに対する学校教育と，保育の必要な子どもに対する「養護と教育を一体的に提供する保育」の双方を提供することになっているが，両者の関係については，幼保連携型認定こども園教育・保育要領では示していない。また，幼稚園教諭については，施設の目的である保育と教育との関係については触れられていない。幼稚園教育要領では，もともと，施設の目的である「保育」という用語が一言も出てきておらず，この課題を継続しているといえる。

参考文献
厚生労働省（2009）「被措置児童等虐待対応ガイドラインについて」。

さくいん

著者紹介

山縣文治（やまがた・ふみはる）

1954年 生まれ。

1982年 大阪市立大学大学院中退後，同助手。

大阪市立大学生活科学部教授を経て，

現 在 関西大学人間健康学部教授。

主 著 『施設・里親から巣立った子どもたちの自立』（共著）福村書店，2012年。

『住民主体の地域子育て支援』（監修）明石書店，2013年。

他児童福祉関連のテキストの編著多数。

シリーズ・福祉を知る③

子ども家庭福祉論 ［第3版］

2016年3月15日 初 版第1刷発行 （検印省略）
2018年4月20日 第2版第1刷発行
2022年11月1日 第3版第1刷発行

定価はカバーに
表示しています

著 者 山 縣 文 治

発 行 者 杉 田 啓 三

印 刷 者 江 戸 孝 典

発行所 株式会社 ミネルヴァ書房

607-8494 京都市山科区日ノ岡堤谷町1
電話代表 (075)581-5191
振替口座 01020-0-8076

© 山縣文治，2022 共同印刷工業・藤沢製本

ISBN978-4-623-09496-7

Printed in Japan

———————— シリーズ・福祉を知る ————————

木原活信 著
①社会福祉と人権

                   A 5 判208頁本体2400円

空閑浩人 著
②ソーシャルワーク論

                   A 5 判200頁本体2200円

———————— ミネルヴァ書房 ————————
https://www.minervashobo.co.jp/